前世のシークレット

THE SECRET OF PAST LIFE

佐野 美代子
Miyoko Sano

はじめに

あなたは生まれ変わりを信じますか？

わたしは信じています。

自分には前世があって、いまとは違う国で暮らしていたかもしれないと、考えたことがあるでしょうか？

「今度生まれ変わったら何になりたい？」というのはよくある会話のテーマですね。夫婦関係の調査などでも、「今度生まれ変わっても同じ相手と結婚しますか？」という質問は定番のようです。

人は無意識のうちに、生まれ変わることを理解しているし、前世も来世もあると気づいているのではないかと思うのです。


わたしは人生の豊かさとは、自分の本質に気づくことだと思っています。

本質とは魂《たましい》のことです。どんな人にも魂があります。

魂は、意識体と言い換えてもいいでしょう。

日々、情報が氾濫《はんらん》している世界では、自分を見失いがちです。

しかし、わたしたち自身が物質や肉体を超える魂そのものであることに気づけば、心や意識の使い方しだいでいくらでも豊かで幸せになれるのです。


あなたがこの本にめぐり合ったのも、魂の導きかもしれません。わたしたちの本質は魂であり、愛する人たちとともに魂の冒険をしています。

前世は一度きりではありません。

なんと500回近くも生まれ変わりを繰り返すといわれています。

想像をはるかに超える長い期間、わたしたちは、愛する人たちと役割を変えながら、何度も一緒の時期に転生《てんしょう》しています。

そして、死後の世界や来世では、親しい人とは再会するようになっています。愛する人やペットを亡くしても再会できるのです。

その絆《きずな》の深さを知ったら、感激せずにはいられないでしょう。

永遠の別離はないのです。


生まれてくるときに、前世の記憶も、死後の世界のことも忘れてしまうため、その真実に気づいていないだけなのです。

旅を続ける魂は、生まれ変わりの人生の体験から得られた叡智《えいち》をすべて記録しています。わたしたちの魂は、全知全能であり、すばらしく勇敢です。

そんな魂を宿したわたしたちに、不可能なことなんてありません。

わたしたちは、奇跡を起こす力を持っています。意識の使い方しだいですべての望むものを創造することができるのです。

それを知っていただきたくて、この本を書きました。

こういった話が初めての方は、まだ信じられないかもしれません。

それでもかまいません。

「そんなこともあるかもしれないなぁ」ぐらいの気持ちでけっこうですので、読み進めていただけたらうれしいです。

いま、まさに意識の変革の時代がやってきています。

古い生き方やしきたりに縛られてきた時代から、誰もが自分の意志で人生を切り開く時代へと移り変わっていきます。

人間に限らず、あらゆる存在と心が通じ合い、互いに尊重し合う。

愛と平和と調和の時代へと向かうプロセスの中にわたしたちはいま生きているのです。

そういう世の中では、魂のつながりは無視できないものとなるでしょう。

輪廻転生《りんねてんしょう》、体外離脱、死後の世界……。

永遠なる魂である自分の本質を理解できれば、人生はより深く充実したものになるはずです。


あなたの魂はどこから来て、どこへ向かうのか？

今生では何をしたいと思ってきたのでしょうか？

前世ではどんな経験をしてきたのか？

あなたの家族、友人、仕事仲間とは前世でも会っていたのでしょうか？

わたしと一緒にちょっと不思議な魂の秘密をひもといていきましょう。

佐野　美代子

Contents

ブックデザイン 吉村 亮 大橋千恵（yoshi-des.）
DTP キャップス
校正 鴎来堂
構成・執筆協力 林美穂

前世のシークレット

THE SECRET OF PAST LIFE

佐野 美代子
Miyoko Sano

01

わたしと前世

わたしが自分の前世を確信したのは、20年ほど前になります。

わたしは25年以上に渡って国際会議の同時通訳をしてきましたが、子どものころから、いつも「大いなる存在」に見守られている感覚を抱きながら生きてきたところがあって、もともとスピリチュアルな世界が大好きでした。西野流呼吸法、レイキ、空の会などで生命エネルギーである「気」の探究をしたり、通訳の仕事でも、バーバラ・アン・ブレナンなど目に見えないエネルギーの力を使う世界的な第一人者の通訳をしたりする機会に恵まれました。

その中でアメリカのモンロー研究所（ロバート・A・モンローによって設立。肉体を超えた意識の世界を探究する専門機関）やラムサの学校（スピリチュアルな叡智について学ぶスクール）に強い関心を持って自分自身でも学ぶようになったのです。

そのような学びの中で、わたしは自分には前世があるという確信を深めていきました。

わたしが得た確信は、**わたしたちは肉体以上の存在であるということ。わたしたちは意識体であり、魂として永遠の存在であるということを知ったのです。**

わたし自身がヘミシンク（47ページ参照）や、サイキックの手ほどきによって自分の前世を知ることができたこともありますが、自分が前世に何者であったかということは、さほど重要ではないと思っています。

それよりも、**前世からのメッセージを受け取ることのほうが大切です。**

今生《こんじょう》、生きている人の魂は平均500回くらい生まれ変わりをしているそうです。自分が男性だったときも、女性だったときもあるでしょう。さまざまな時代、さまざまな土地に生き、さまざまな職業についていたでしょう。長生きしたときもあれば、早死にしたときもあるでしょう。

そういった一人ひとりの人生を細かく知っても、きりがないと思いませんか？　言ってしまえば、前世なんて過去のことです。

この人生の中でさえ、1秒前も過ぎ去った過去であり、取り戻すことはできません。何よりいまの人生が大切だと思います。

魂はわたしたち一人ひとりの感情や思考の体験を永遠に記録しています。

夢の中や旅先で、ふと魂を通して前世の自分が今生の自分にメッセージを送ってくることもあります。それがきっかけで、ステキな出会いにめぐりあったり、思いがけない幸運に恵まれることもあるでしょう。

今生で思い当たらない思いこみやクセは、前世に原因があることもあります。そういったとき、問題解決のために前世をあたってみることは、何かのヒントになりえるでしょう。

「わたしたちには前世がある」と知ることは、魂が生まれ変わりを続ける意味を知ることにつながります。

前世がなく、今生1回切りの人生だととらえると、何かを得たいという物質的な世界観となり、いまさえよければよいという短絡的な生き方にもなりやすいものです。

どうしてある人は長生きし、ある人は若くして死ぬのでしょうか。

どうしてある人は才能や財産に恵まれ、ある人は貧しいのでしょう。

こういった違いは、人生は過酷で不条理で不平等なものだという考えに囚われ、破滅的になる危険性があります。

しかし、**わたしたち全員が何億年とかけて、何百回もこの世に生まれ、時には裕福な生活をし、時には貧しい生活をし、男にも女にも生まれ、実にさまざまな人生を味わい、人間という体験をマスターしているのだとしたらどうでしょうか。**

表面上の違いを超えた一体感と慈愛が生まれるのではないでしょうか。
自分も他者も含めて宇宙一体が輝くようにと祈りたくはなりませんか。
自分の問題解決をこなしつつ、他人の成功をも祈りたくはなりませんか。

わたしが前世や生まれ変わりについて度々ブログや講演会などでお話しするのは、このような**スピリチュアルな真実に目覚めることで、人生をより豊かに生きるきっかけ**にしていただければと思うからです。

前世を忘れてしまうわけ

地球上で死を迎えると、わたしたちの魂は光の次元に向かいます。

光の次元とは、あの世とか、死後の世界、天国、霊界など、人によって用いる表現は違うと思いますが、この地球上よりはるかに高次元の場所です。

そして、前世から今生に生まれ変わる際、自分の人生のシナリオを創って生まれてきます。しかし、そのシナリオも、前世の記憶も、生まれるときにすべて忘れてしまうのです。

それはなぜだと思いますか？

では反対に、もしあらかじめ人生で起こることがすべてわかっていたらどうでしょう。

「今年はこういうことが起きる」「今月はこういうところに行く」「今日はこんな人と出会う」とわかっていたら、驚きも、新鮮味も、何も感じなくなりませんか？

まるで新しい経験をすることがなくなってしまったとしたら、なんと味気ない毎日であるかと思います。

人生では、嫌なこともたくさん起こりますね。

そういった試練も、シナリオに組み込まれています。

なぜ、つらいことや悲しいことが用意されているかといえば、魂の成長のためです。わたしたちは、前世でクリアできなかった課題を持ち越してきています。そこを避けていたら魂は成長できません。でも、あらかじめ嫌なことが起こるとわかっていたら、なんとか避けよう、逃げようとするのが人間です。

だから、すべて忘れて生まれてくるのです。

その試練から逃げずに乗り越えたとき、幸福のエネルギーがあなたのところに集まってくるでしょう。

それにもし、乗り越えるべき課題がまったくない人生だとしたら、わたしたちは偏った狭い視野のまま人生を終えてしまうことにもなります。喜びも、悲しみも、豊かさも、愛情も、どんな感情も感じられないおもしろみのない人生になってしまうのです。

前世の記憶もほとんどの人が忘れて生まれ変わります。今生のパートナーや子どもとどういう関係であったなど、興味がある人も多いと思いますが、知らないほうがいいこともあるのです。

子どもは前世を鮮明に記憶していることも多く、いまの家族を「自分の家族ではない」と言い出す子もいます。「ほんとうのお母さんは違う人。こんな家族じゃない」と言われても、いまの家族はどう対処していいか戸惑ってしまうでしょう。

そういった混乱を招かないためにも、前世は無理に知ることもないのです。

「前世というものがあり、みな生まれ変わりをしている」「今生出会った人とは深いご縁があるのだな」と受け止めることができれば、目の前の相手にもっと親近感を覚えて、もっと大切にしようと思えますよね。

とても「自分さえよければいい」とは思えなくなるでしょう。

それだけでとても価値があることだと思います。自分がそのような気持ちで接していたら、人間関係はおのずとよくなります。

03

魂が生まれ変わりを続ける理由

では、なぜ魂は生まれ変わりの旅を続けるのでしょうか。

何のためにあなたは命がけで母親の産道を通って地球に生まれてきたのでしょう。決してそれは偶然ではありません。

わたしたちは、自分で強い決意を持って「この世」に生まれてきています。

人は、死によって肉体から魂が完全に離れると、周波数が変わってあの世へと移行します。

ふたたび転生する時期が近づいてくると、ガイドと呼ばれる守護霊や指導霊たちと、次の人生で何を学ぶかをよくよく話しあいます。そして、自分で決意し、自分で親を選び、この世に生まれてきます。

つまり、魂が転生する究極の目的は、さまざまな体験を重ね、成長すること。そして、あなたは自分の人生をあなた自身が決意して、生まれてきているのです。

そこには、前世でクリアできなかった課題や、未解決のままやり残した問題などが宿題のように持ち越されていきます。

たとえば、前世が科学者で、研究の志《こころざし》なかばに亡くなったとしたら、同じような分野の研究をして今度は結果を出すことを課題にしているかもしれません。前世、自分の不倫問題で家族を裏切ったと思っている人は、家族を大切にすることを学びのひとつに設定して生まれてくるかもしれません。

自分の人生には困難や試練が多いと思っている人は、自分がそのような人生をわざわざ選んで生まれてきたなんて信じたくないでしょう。

しかし、楽な人生では魂は学びの機会が得られません。試練を乗り越え、苦労を重ねることで、魂のレベルは向上します。

魂がなぜ成長したいのかといえば、あの世に還ったとき、その苦労のぶん、ありあまるほどの幸福の恩恵を授かることを知っているからです。

魂のレベルが高い人ほど、あえて困難な道を選ぶといいます。きっと生まれ変わる前は、ガイドたちと、「大変だけどやってみよう」と覚悟を決めているはずです。

あまりにもつらい試練の渦中《かちゅう》にいるときは、その重みで押しつぶされてしまいそうで、とても希望なんて持てないかもしれませんね。

そんなときは、発想の転換をしてみましょう。

こんな困難を与えられるほど、自分は神様から見込まれているのだと考えてみてください。少し抵抗があるかもしれませんが、それに対して感謝の気持ちを持つのです。

苦労が多いということは霊的成長の機会を多く頂いたことにもなります。実際、その試練の重みに耐えられる素質のある人にしか、神様は重い荷物を背負わせたりはしません。

もうひとつ、のちほど詳しく説明しますが、あなたのガイドに助けを求めましょう。ガイドはあの世と今生を行き来しながらあなたのことを見守り続けています。

本来わたしたちは、高次元からいろいろな支援やガイダンスを受けています。そのサインに敏感になれば、もっとスムーズに困難をクリアしていくことができるのです。

すべての人生に意味があります。

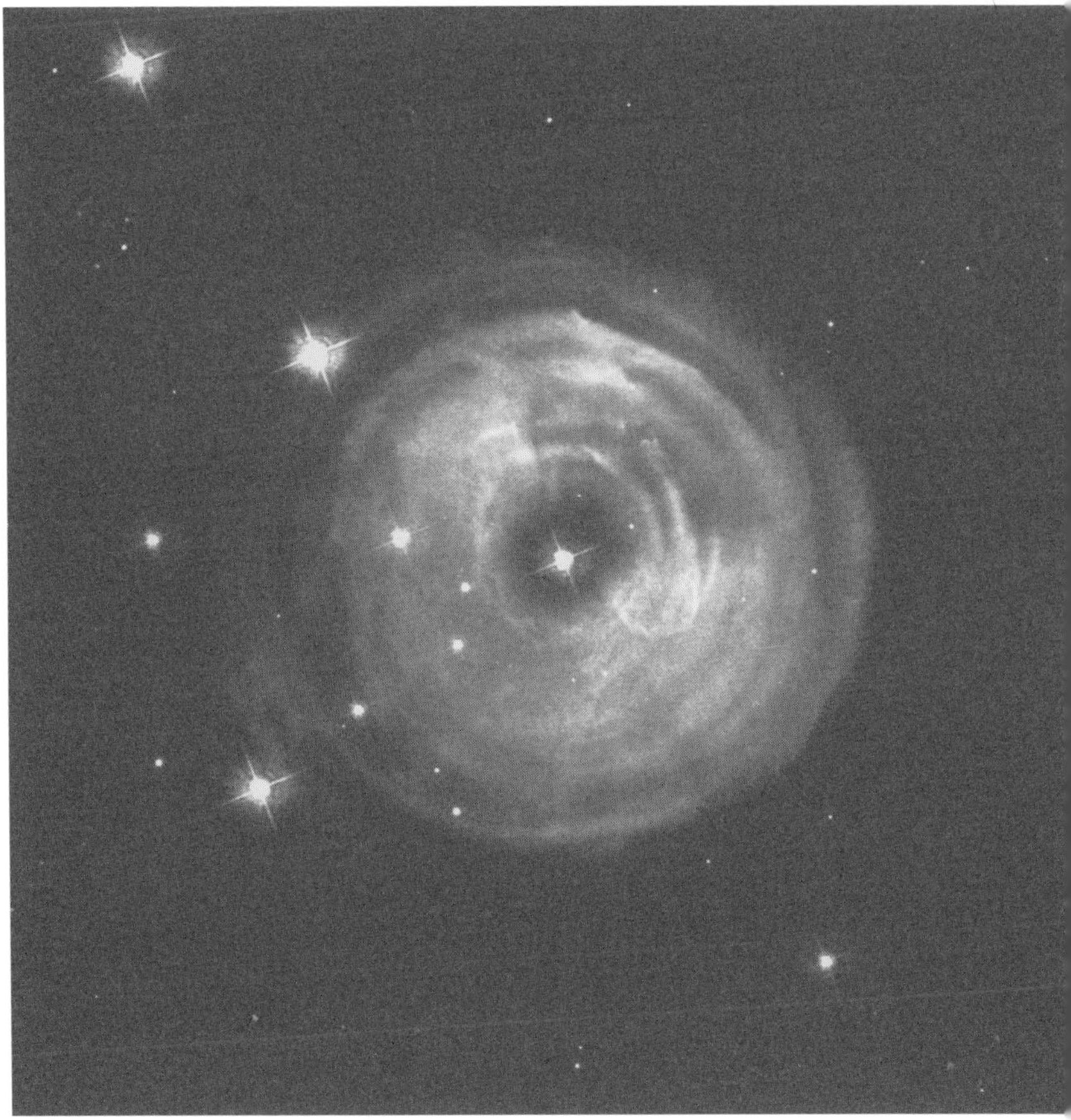

この世には光も影もあります。いま、自分が暗闇の中をさまよっていると思えても、必ず光が差し込んできます。

あなたの魂は500回近くも転生をしていて、すべてを知っている無敵の存在です。

自分の魂の力やそれを導くガイドのサポートを信じましょう。

生きているわたしたちの魂は、胸のあたりにあります。

魂に語りかけたいときは、そっと胸に手を当ててみてください。

「いつもよくがんばってくれているね。ありがとう」と、優しい言葉をかけてあげましょう。

人の優しさや愛に触れると魂は輝きます。

試練に直面しているとき、それを乗り越えられるのは、周囲からの支援、親切や愛のおかげです。愛の波動で魂と魂の触れ合いが起きるのです。

わたし自身も多くの試練に直面し、乗り越えてきました。

その都度、必ず手を貸してくれる人や気にかけてくれる人がいて、救われました。

試練は自分にとって、誰が真の友なのかを知ることができるビッグチャンスでもあります。

04

人生で出会う人達は前世からつながっている

この21世紀の地球に降りてきたわたしたちの魂は、転生を繰り返しながら、何億光年という冒険をしてきています。

その中で出会う人というのは、何か学びがある、とても貴重な存在です。

今生の家族やパートナーや友達とは、前世でも仲間だったという話をあなたは聞いたことがあるかもしれません。

ソウルグループという魂の仲間たちです。

あなたの魂はその仲間とともに生まれ変わりをして、魂を成長させています。ソウルグループの仲間たちは、魂の進化のレベルがほぼ同じ人の集まりです。

この仲間とは、いつもいっしょに生まれ変わり、ありとあらゆる役割になって、互いにサポートしあっています。

ソウルグループの正確な人数はわかりませんが、たとえば30人くらいがひとつのソウルグループで、同じ時期に転生し、世界中に散らばっています。

そのうち10人くらいと家族になったり、仕事をしたり、恋に落ちたり、深く関わります。

それぞれが亡くなって、また地上に生まれ変わると、前世で家族だった人と立場を替えて、ふたたび家族になったり、同じソウルグループの中で前世であまり関わっていない人と今度は深く関わるといった具合に、互いに魂の成長を促しあい、進化しています。

親と子、夫と妻、兄と弟、姉と妹、彼氏と彼女、上司と部下、先生と生徒、友達同士、ライバル同士、加害者と被害者など、関わり方はさまざまです。

大好きな人同士だけでソウルグループを形成することはありません。

中にはひどく憎しみ合う関係の人もいるかもしれません。

そんな相手と同じソウルグループなんていやだと思うかもしれませんが、今生で互いに傷つけあう経験をすることで、魂が学べるものがあるのです。

もしかしたらそれは、許し合うことなのかもしれません。

人の気持ちを思いやるということかもしれません。

苦手な相手とは、どこかの過去世で接点があり、やり残した未解決の問題を解消するために出会っている場合がほとんどです。

憎しみ合ったまま死んでしまうと、それがカルマ（業）となり、生まれ変わったとき、やり直そうとします。

そうやって互いに霊的に進化していきます。

憎い相手だと思っても、一人ひとりは今生でその役割を背負っているだけで、魂レベルでは批判やうらみ、つらみという感情はありません。ひたすら学びのために経験しているだけなのです。

どの人間関係も、互いに過去生のカルマの融合で複雑な関係を構築していますから、今生の関係だけを見て判断することはできません。

こうした宇宙レベルの視野を持てると、人間関係の悩みはとても小さいものに思えるのではないでしょうか。

あなたを傷つけるような人も、一緒に成長している仲間です。そういう人にも感謝の気持ちを持てたら、あなたの魂はもっと輝きを増すでしょう。

わたしたちは、互いのために存在しています。関わらなければよかった人はひとりもいません。

あなたもその人たちのためになっています。何もしていないように思えても、存在しているだけで意味があるのです。

そもそもわたしたちは自分で人生のシナリオを決める際、スムーズな人間関係などは想定していません。

むしろ、子育てで苦労するとか、いじめられるとか、詐欺に遭うとか、愛する人に裏切られるとか、そういう困難をあえて設定しています。

同時に、いつどんな状況でもサポートしてくれる友人や、学校の先生、献身的なお医者さんなど、感謝しきれないくらい親切な人々にも囲まれるようになっています。

あなたに無条件の愛を与えてくれるペットと出合うことも設定に組み込まれています。あなたが困難を乗り越えていくために心を解きほぐしてくれるペットや、美しい自然や芸術という癒しの存在も、神様は用意してくれているのです。

ご家族や友人の中に、産まれたばかりで亡くなってしまったお子さんや、難病や引きこもりのお子さんがおられたり、また認知症や精神的な疾患、事故や災害などで肉体的な障害などハンディを負った方がいらっしゃると思います。どうして大切な人がこんな目に遭うのかと悲しみに暮れてしまうこともあるかもしれません。

しかし悲しみに暮れてはいけません。

亡くなられた方には、ともにこの世で生きられたことを感謝し、いつかまた来世で会えることを願い、その時を互いに楽しみに待ちましょう。

ハンディを負った方とは、今生でともに生きることができるのを感謝しましょう。そして彼ら自身がこの世で生きていることを心の底から喜べるように支援し、彼らの日々の生き方から学べることに感謝しましょう。

家族の中にそういう人がいると、介護疲れで参ってしまうこともあるかもしれません。**どういう状況であれ、「なんでわたしばっかり」など、犠牲者意識を持ってはいけません。厳しく聞こえるかもしれませんが、すべて自分で決めてきたのです。**

あなたにはガイドがついています。

ペットや友人や自然や娯楽、あなたを癒してくれるものも準備されています。それらのサポートを受け取りましょう。

また、一人で抱え込まないことです。周りの人や癒しの存在にも援助を求めてください。あなたのソウルグループの中に力になってくれる人がきっといるはずです。皆で励まし合って、互いの魂を成長させましょう。

05

わたしたちは親を選んで生まれてくる

わたしたちは生まれてくるとき「親を選べない」と言ったりしますが、実はちゃんと選んで生まれてきています。「親が勝手に生んだんだ」などというのは大間違い。わたしたちは親も人生も選んできています。

どんな親のもとに生まれるかも、魂の学びと関わってくるものだからです。

わたしのセミナーにいらしてくれた方の息子さんは、自分が精子だったときの記憶があるそうです。

あの世で、地上のママ候補がたくさん並んだ棚の前に立ち、その中から「このママがいいな」と選んで、そこへ向かっていきました。

そうしたら自分だけではなく、ものすごい競争の波の中にいて、無我夢中で泳いでいったら、いちばんに温かい光の玉のようなもののところに辿り着き、ブルブルブルッとその中に入っていったそうなのです。

精子は、何億個と射精されると、子宮に辿り着き、さらに卵管をめざします。卵管に無事に到着できるのはそのうち100個にも満たないそうです。その中のわずかひとつの精子が排卵された卵子と受精するわけですが、彼はその過程の記憶を持っているのです。

「胎児は2、3か月になると魂が入る」と言ったりしますが、実は精子レベルから意識はあります。なぜなら、意識はエネルギーですから、どこかで途絶えるということはないからです。

あの世にいるときから、今この瞬間も全部つながっているのだとわたしは思います。わたしたちがそれを忘れてしまっているだけなのです。

どんな赤ちゃんも、厳しい精子間の競争を勝ち抜いて、この世に一生懸命生まれてきます。あなたもわたしも皆、赤ちゃんとしてこの世に生まれます。

本来、皆勇敢で、一人ひとりが意味をもってこの世に生まれてきているすばらしい存在です。

06

子どもの魂レベルが低いとは限らない

魂が輪廻転生を繰り返しているとなると、赤ちゃんといえども、その魂は「赤ちゃんレベル」とは限りません。

魂は体験をたくさん重ねていますから、親よりも魂レベルが非常に高く、親をサポートするために生まれてきているような子もいます。

ひとつ、それを裏付けるような話があります。モンロー研究所のガイドラインコースで親しくなったロザリンド・マックナイトさんから伺った話です。

ロザリンドさんは、モンロー研究所設立初期のころの被験者で、その中でも、いちばんサイキックな方でした。

彼女はヘミシンクの力を借りていろいろな体験をし、バラの花の意識や、蛇の意識がわかる人でした。万物はエネルギーでできていますからバラに周波数を合わせればバラの気持ちがわかるし、蛇に周波数を合わせれば蛇が何を考えているかがわかる。そんなミラクルなパワーの持ち主だったのです。

彼女には弟がいたのですが、ある日、彼がフィアンセを連れて実家に帰る途中、交通事故に遭って亡くなってしまいました。フィアンセは一命をとりとめたのですが、実は、彼女のお腹の中には、新しい命が宿っていました。弟さんとの子どもです。

突然のアクシデントによって、彼女はシングルマザーとしてこれからやっていかなくてはならなくなりました。フィアンセに限らず、皆それぞれの立場で突然起こった悲劇にショックを受けていたことでしょう。

それもあってロザリンドさんは、弟の意識に周波数を合わせて、弟のその後を追体験しました。

驚いたことに、弟の魂が天国にいくと、ひとりの少女が出迎えました。

弟にしてみたら「君は誰?」となります。本来は、先に亡くなっている顔見知りの親しかった人たちが出迎えてくれるので、知らない人はいないはずだからです。

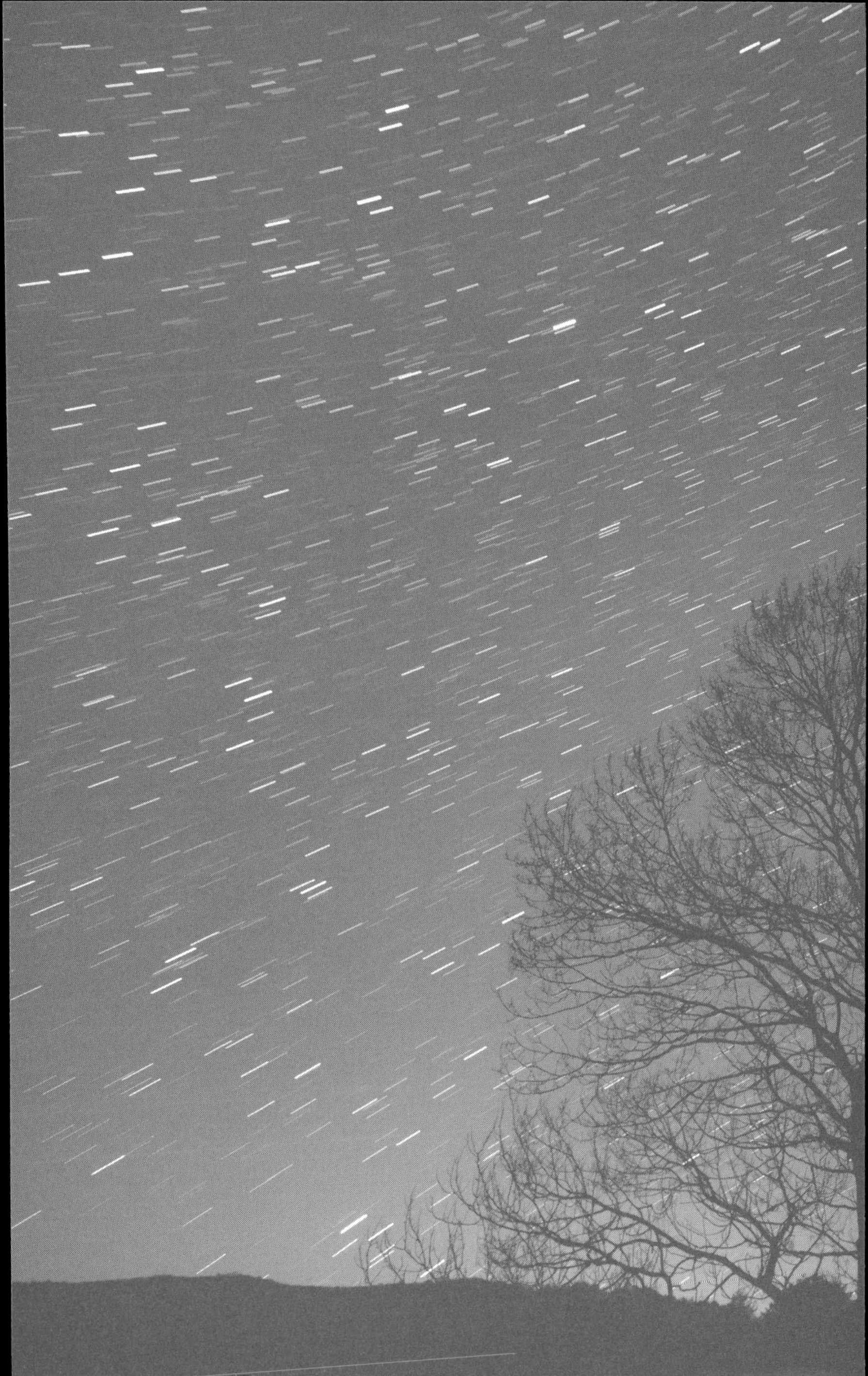

すると、その子は**「わたしはあなたの子どもです。お父さんに会えてうれしいわ」**と笑顔いっぱいでハグしてきたそうなのです。

胎児のときの魂は、この世とあの世を行ったり来たりしています。フィアンセのお腹の中にいる胎児の魂が、自分の父親が事故で亡くなって天国に来ることがわかって、出迎えたのです。

そして、**「わたしはこれからあなたの奥さんになるはずだった女性の子どもとして生まれ変わります。彼女はシングルマザーになるけど、わたしは彼女の生涯を支えていくから」**と言って、父親のもとから旅立っていったのです。

わたしたちは、シングルマザーに育てられている子どもを見ると、「大変そうだわ」「お父さんがいなくてかわいそう」などと表面的に決めつけてしまいがちですが、「親を助けること」をミッションに生まれてくる魂もあるということです。

その家族にとってはもっとも魂が成長する機会を神様から与えられているともいえます。必ずやその子どもはこの境遇を乗り越えていくでしょう。

どんな親のもとに生まれたとしても、どんな境遇であっても、そ

れは今生の魂の学びのためにあなたが自分で選んだ人生なのです。

逆に考えると、自分がおなかを痛めて産んだ子であっても、決して自分の所有物ではないということです。

親子になるほどですから、同じソウルグループに属し、前世でもご縁があった相手である可能性は高いですが、親である自分も子どもも、別個の人格で、別個の魂の持ち主です。それぞれの学びのために家族になっている、同志に近い存在だとわたしは思います。

そう考えると、社会問題になっているような、親が子どもの人生をコントロールして自分の支配下に置こうとする、過干渉的な子育ては間違っているということに気づくかもしれません。

子どもは前世であなたの尊敬する人物だった可能性もありますよね。

家族であれ、友達であれ、魂を意識してお付き合いをすると、それぞれの人を尊重し、適切な距離を保てるようにもなるでしょう。

07

前世を知ることは問題解決の糸口になる

世界には生まれ変わりの話がたくさんあります。

その中には、誰もが知るような、歴史的人物もいます。たとえば、**『アンネの日記』で知られるアンネ・フランク**です。

アンネは、ナチスドイツの迫害に遭い、1945年に強制収容所において病死しました。そのアンネの生まれ変わりであるといわれる女性がいます。

1954年生まれのスウェーデン女性のバーブロ・カーレンです。

バーブロはわずか2歳のとき、母親に「自分の名前はバーブロではなくアンネ」と言ったほど、前世の記憶がはっきり残っていました。

バーブロは、両親にアンネの話を自分のことのように話していたらしいのですが、両親は教養があまりなく、アンネ・フランクを知らなかったうえ、敬虔《けいけん》なクリスチャンで輪廻転生を信じていなかったので、娘が精神的におかしいのではないかと心配したそうです。

バーブロは、小学校でアンネについて授業で教わると、アンネが有名人であることを知って恥ずかしく感じたり、なぜ自分だけ前世を覚えているのかと戸惑い、頭が混乱したといいます。

また、**彼女は幼い頃からシャワー恐怖症で、シャワーを浴びることができませんでした。**それはナチスの強制収容所でユダヤ人たちが「シャワーを浴びさせてあげる」と言われてガス室に連れて行かれ、シャワーの代わりに毒ガスを浴びせられて殺された記憶があったためでした。

彼女は「ユニフォームを着た男の人たちが階段を駆け上がってきて、自分の家族が隠れている屋根裏部屋のドアを蹴《け》りあける」という悪夢に悩まされていました。そのユニフォーム恐怖症を克服するために、大人になると自ら警官になりました。

しかし、その職場で、前世、彼女を迫害したナチスの生まれ変わりが上官として働いていて、またしても迫害を受けました。

バーブロは、前世では殺されてしまったけれど、今生ではこの無意味な迫害に立ち向かい、殺されてはならないと強く思い、立ち上がります。

このときに、**アンネ・フランクとしての前世の記憶が重要であった**

ことを悟ったと言います。前世からの未解決の問題を処理するために、前世を思い出す必要があったということです。

バーブロは前世の記憶を鮮明に思い出しましたが、たとえ思い出さなくても、何か問題が起こったとき、それは前世からの未解決の問題かもしれないという理解が、解決の手助けとなることも少なくありません。

08

前世を知るための方法

自分の前世が何者であったかを必ずしも知る必要はないとお伝えしましたが、興味がある人もいるでしょう。「あなたの前世はクレオパトラでした！」みたいな、美しい前世だったらうれしいものですよね。

ただ自分ひとりで前世を見ることは、そう簡単なものではないと、正直に申し上げておきます。

どうしても知りたいときは、信頼できる催眠療法士のもとで前世療法を受けたり、アカシックリーダーに頼ったり、ヘミシンクのセミナーなどに行ったほうがいいでしょう。ソウルメイトとの感動的な絆《きずな》をひもといてくれるかもしれません。

自分が前世において何者かはわからないとしても、わたしたちは日常で前世からメッセージを受けている場合もあります。その手がかりを得る方法をここでいくつかご紹介していきましょう。

ヘミシンクで前世を探る

ヘミシンクは一般にもCDなどで音源がリリースされていますから、セミナーに行かなくても独自で音楽を楽しむことが可能です。

ヘミシンクは、ヘッドフォンの左右の耳から違う周波数の音を聞かせることで、脳内に変性意識状態を作り出す音響技術です。

変性意識状態とは、はっきりと目が覚めている「日常の意識状態（顕在《けんざい》意識）」ではない意識状態のことです。顕在意識と潜在《せんざい》意識の中間の意識といわれています。

ちょうど眠る直前のうとうととした、意識があるかないかわからないような状態のことを言ったり、周囲の音が聞こえない（気にならない）くらい一つの物事に超集中して入り込んだ、いわゆるゾーンに入った状態のことなどをいいます。

つまり、変性意識と一言で言っても、さまざまなレベルがあります。ヘミシンクはさまざまな変性意識状態の特定のポイント（フォーカスレベル）を意図的に作り出すことができるプログラムです。

具体的に言うと、「肉体は眠り、意識は目覚めている状態」という意識

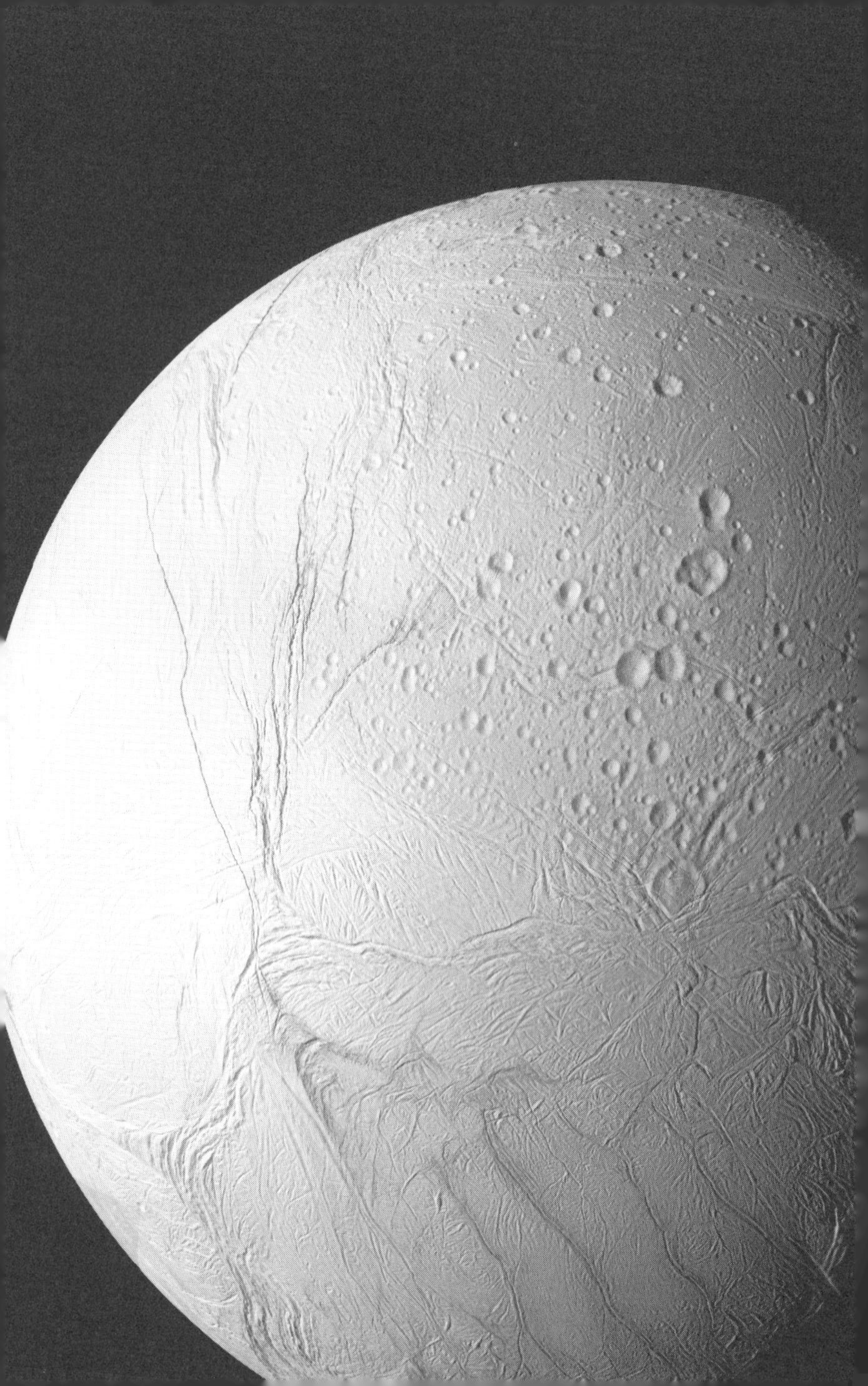

状態にフォーカスすると、意識は目覚め、体は眠る（リラックスしている）状態を作り出すことができます。

「この世とあの世の架《か》け橋」という意識状態にフォーカスすると、亡くなった方と再会することが可能になります。

「輪廻《りんね》の中継点」という意識状態にフォーカスすると、ハイアーセルフとの直接対面を果たしたりできる、というわけです。

わたしはモンロー研究所のアウトリーチ・トレーナーをしており、ヘミシンクのセミナーを開くことがあります。

音源を聴くことで、実際にビジョンが見えるとか、インスピレーションを受け取るなど、体験のありようには個人差があり、内容もさまざまです。

初めてのヘミシンク体験で、亡くなった親族と会ってとても癒《いや》されたという人もいれば、まったく何も感じなかったという人もいます。

半年くらい聴き続けていたら、あるとき、生まれ変わりの記憶がよみがえったという人もいます。ある日突然インスピレーションを受けて、そのアイデアをビジネスに生かしたところ大成功したという人などもいます。

その日の体調などによっても左右されます。

興味のある方はヘミシンクセミナーなどで信頼のおける指導者のもとで

体験するとよいと思います。意識を拡張し自分の人生の目的に対する洞察を得ることができるという点でもすばらしいものだとわたしは思っています。

前世療法で探る

わたしは前世療法の先駆者であるブライアン・ワイス博士や、前世を覚えている子どもたちについて書かれた本を読んだりして、生まれ変わりの科学的研究に関心を寄せてきました。

自分から前世を思い出そうとしなくても、体の症状や苦しい感情を掘り下げていくと、前世のつらかった体験の記憶が、当時の感情とともに意識の表面に出てくることがあるという話を聞いたことがあります。

これは**未解決の問題を解決するために起こる浄化作用であり、魂の癒し**です。前世を思い出すことは、現在抱えている心の苦しみを解決する意味があるわけです。

前世療法は、催眠療法士によって潜在意識から現れる前世の苦しみを癒す技術です。原因不明の病を克服したり、人間関係がよくなったり、親子関係が回復したり、異性への恐怖が解消されるなど、世界的にすでに多くの人によって実践され、結果を残しているセラピーです。

まだ日本ではとても一般的とはいえませんが、近未来にこういった魂を癒す技術が多くの人に認知されるようになったらすばらしいと思います。

原因のわからない病にかかって苦しんでいたとき、前世療法をしたところ、その原因がわかって病気が治癒したり、何をしてもよくならなかった腰痛が自分の過去世をひもとくことで、改善したという話もよくあります。

魂から見ると、その病気を今生でも経験することで、学んでほしいことがあるのでしょう。もっと自分の体を大切にしてほしいとか、体にいいものを食べてほしいとか、この体験をきっかけに同じ病の人を助けてほしいとか、人様から受ける親切に感謝してほしいなど、そこにも必ず学びがあるはずです。


重い病気にかかってしまったり、大きな怪我《けが》を負ったとしても、「これは何のメッセージだろう？」と考えられると、現実の受け止め方は変わってきます。


そういうとき、前世療法などを頼ってみることは、あなたの肉体にも魂にも役立つのではないかとわたしは思います。

ただ自分ひとりで前世の原因を探っていくことは難しいので、やはり信頼できる専門家にお願いしたほうがよいでしょう。

ひとつ、セルフでできる魂を癒すワークをお伝えしましょう。

前世とまではいきませんが、今生の自分の過去を癒すことができます。

魂はすべての記憶でつながっていますから、自分の過去を癒せば、魂もじょじょに癒されます。

①子どもの頃を思い出してみましょう。独りぼっちで寂しかった経験、親にじゅうぶんに愛されなかった経験など、苦しみとして残っている記憶を思い出してみます。

②その時の自分をイメージして、自分に思いっきり愛を送りましょう。「大丈夫よ」といって抱きしめたり、「ひとりじゃないよ」と励ましてあげたりします。

その頃の自分の写真があれば、それを見ながら行うとより具体的に愛を届けられるでしょう。イメージの中の自分に笑顔が戻ってきたら過去は修正されています。

夢日記をつける方法

ノートを必ず枕元に置いておいて、見た夢を記録しておくとよいでしょう。

実は、何度も繰り返し見る夢というのは、前世の記憶であったり、今生へのメッセージが現れる可能性があるからです。

人は5分もすれば夢のことは忘れてしまいます。目覚めたらすぐメモをとっておいて、何か月か後に見返してみると、つじつまが合ったり、現実化していることや、ヒントを得られることが出てきます。

実は、おもしろいことに、わたしたちの魂は、寝ている間、あの世とこの世を行ったり来たりして、体外離脱をしています。

魂は、あの世で自分のガイドやご先祖様と交信しているのです。でも、目覚めたときに忘れてしまうのです。**体外離脱というと、特別なことに思うかもしれませんが、実は睡眠中にどなたでもしているのです。**

眠りにつくとき、「亡くなった○○さんに会わせてください」とお願いしてみると、会いたかった人に夢で会えるかもしれません。

わたしの知人に、毎晩、亡くなった旦那さんから仕事のアドバイスを受け取っていたという女性もいます。

アメリカのモンロー研究所の所長ロバート・A・モンローの娘であるローリーさんも、体外離脱をして睡眠中に父のところに行き、これからモンロー研究所をどうしたらいいか相談していたそうです。

ちなみに、モンロー博士は、あの世でもすばらしい研究所をつくって、この世の続きの研究を続けているようです。

寝ている間に自分が体外離脱をしているかどうか、確認するのはかなり難しいものです。いくつかヒントがあるとしたら、空を飛ぶ夢や、壁を通り抜けるような夢は体外離脱をしているといわれます。

睡眠以外での離脱は、ものすごく体が疲れているとき、もう倒れこんでしまうくらいヘトヘトの状態のときです。わたしはこのケースで何度か体外離脱を経験しています。上から疲れ切っている自分を見て、「がんばってるね」と声をかけてあげました。戻るときは、意識しなくとも、目が覚めるときに肉体に戻っています。

金縛りというのも、魂が抜ける直前や、魂が体に帰ってきたときに起こるといわれています。

恐怖症、怖いものから探る

水が怖い水恐怖症、火が怖い恐怖症、高いところが怖い高所恐怖症、先のとがったものが怖い先端恐怖症など、いわゆる恐怖症を抱えている人は多いかもしれません。実はこうした恐怖症は、前世での経験が尾を引いていることが多いと言われています。

水難事故で海で溺《おぼ》れて亡くなってしまったため水恐怖症になったとか、火あぶりの刑や火事で亡くなったため火の恐怖症になったとか、高いところから落ちて亡くなっているため高所恐怖症になったとか、ナイフで刺されて殺されてしまったからとがったものが怖い先端恐怖症になったというような影響です。

他の例では、前世で大好きな人がいて、子どもまで身ごもったのに、家族などから猛反対されて、無理やりに引き裂かれた経験があり、子どもの頃から妊娠や結婚に恐怖心を抱いていて、好きな人ができても結婚に踏み切れずにいる、というような人もいました。

こういう方は、前世療法などでその過去世を知ることで納得すると、恐怖心が薄らぎ、無事に結婚したという話もあります。

ただ、わたしとしては今生うまくいかないことがあったとき、

前世の影響かもしれないと前世にこだわりすぎる必要はないと思っています。

何百回も生まれ変わっていれば、そういう人生のときもあって当然のように思いませんか？

ネガティブな記憶を抱えていない人なんておそらく誰もいません。

そういったトラウマは、潜在意識に溜め込まれているものです。

前世で何かあったのでは……とネガティブになるよりは、潜在意識をクレンジングして、ポジティブな思考で上書きしていくようにしましょう。

今回お付けしているＣＤは、潜在意識のクレンジングにたいへん効果的です。１６４ページの付属ＣＤの聴き方も参考にしてください。

旅行願望や懐かしい土地の意味

いろいろな国に旅行をすると、懐かしい感じがする土地はありませんか？

あるいは、見たことがあるような場所はありませんか？

いわゆるデジャヴといわれる現象ですが、それは前世の記憶である場合が多いようです。

人は自分が前世でいた国を無意識に選んで、旅をしている場合が多いとも聞いたことがあります。初対面でも懐かしい人がいるように、土地にもなじみ深い場所があるのでしょう。

わたしの通訳の仲間は1回の訪問でエジプトに魅了され、現地のガイドとともに女ひとりでピラミッド周辺を探索したそうです。そして、骨を埋めるのはエジプトにしたいと強く感じたそうです。

その話をわたしは聞いたときにはとても驚きましたが、いまは理解できます。

また、別の友人は、強くインドネシアに魅了され、本気でインドネシア永住を企画していました。

このように、**何か理由はわからないけど、強く惹《ひ》かれる国**があるものです。

それはきっと前世に関係があるのです。

あなたはいかがでしょうか。

ものすごく行ってみたい国や場所はありますか？

わたしはスイスのジュネーブに、大人になってから2度住みました。

幼少の頃もスイスに両親と観光に来ています。前世はスイスとかオーストリアあたりの貴族の娘だった感じがします。

もちろん、幸せな前世ばかりではなく、戦場で残酷《ざんこく》な死に方もしたような夢もしばしば見ます。何百回も生まれ変わっているのでいろいろ体験していますが、今生に強く影響を与えている前世が必ずあるものです。

あなたも、どこかに旅行されて、強く惹かれるところがあれば、その土地とのご縁について考えてみてください。とてもロマンが溢《あふ》れます。

きっと、想像したようなご縁だと思いますよ。直感を信じましょう。

かつて、そこのお姫様や貴族で幸せだった。

残酷に戦死してしまった。

恋人とむりやり別れさせられて別の人と結婚させられた。

とても強い感情を抱いた土地は、強烈に魂にその記憶が刻まれます。

魂にはすべての前世が記憶されています。

こんなふうに、前世に思いを馳《は》せるのはおもしろいものです。

さあ、魂に語りかけてみましょう。

前世を知ると、時代や国境、人種、性別など、あらゆることを超えることができます。わたしたちの本質である魂は生まれ変わりを繰り返し、壮大なるドラマを生きています。人生は一編のお芝居のようなものであり、わたしたちは旅役者として与えられたキャラクターを演じているにすぎないのです。

生まれ変わりを信じ、自分もヨーロッパ人やインド人、中国人、ブラジル人だったこともあるかもしれない。こう思うだけでもその国や人に親しみを覚えるものです。

09

ガイドとともに人生を冒険する

わたしたちの周りには、目に見えない多くの精霊（スピリット）たちがいます。代表的な存在は**ガイド（守護霊、指導霊）とエンジェル（天使）**です。

ガイドは、地球を体験したことがある人の精霊です。人間だった経験があるので、人の苦しみや悲しみをよくわかっています。ガイドは修行をたくさん積んだベテランの魂です。

すでに亡くなった人とは限らず、同じソウルグループの中で魂レベルの高い人の精霊だったりすることもあります。そう、おもしろいことに、いまあなたの目の前にいる友人がガイドである可能性もあるということです。

少なくとも人間一人に一人のガイドはついていますが、たくさんガイドがついている場合もあるそうです。

ガイドは、あの世でわたしたちの魂とともに、来世の人生の目的や計画を決めます。どのようにシナリオをつくるかというと、わたしたちは、ガイドといっしょに今生を振り返る**ライフレビュー**を見ます。

それは人生の総点検をするようなもので、「ああだったね、こうだったね」「今度はどうしようか?」「やり残したことはある?」など、それはそれはたくさん話し合い、次のシナリオを練り上げていきます。

シナリオが完成すると、魂は自分のエネルギーの一部から自分の肉体(人格)をつくりだし、地上に降りていくことになります。

つまり、わたしたちの魂のエネルギーの源はあの世にずっとあるのです。わたしたちは亡くなったとき、天国に先に行った親しい人やペットと会えるのですが、魂のすべてが地上に降りてしまったら、それが叶わなくなってしまいます。

常に魂のエネルギーの源はあの世にあり、そこから一部のエネルギーが、わたしであれば佐野美代子となり、今生この日本に降り立っているのです。

この地球であらゆる経験を積んだ魂は、かならずあの世の自分の魂の源に戻る。それを繰り返すことで、より豊かに輝きを増していきます。

ガイドの話に戻りましょう。

ガイドは地上とあの世を行ったり来たりしながら、わたしたちを見守ってくれています。

わたしたちは人生で多くの人と関わりを持つので、ガイドは他の人のガイドや魂とも絶え間なく交信しています。まるで現実世界のコーチのようにわたしたちを導く存在なのです。

そのほかにご先祖様の霊や愛する人の霊も、高次元からわたしたちを温かく見守ってくれています。亡くなった親族の魂レベルが高く、ガイドになってついている人もいるかもしれませんが、そういう場合を除き、ご先祖様の霊がわたしたちの魂を導くということはありません。

亡くなったばかりの親族などは、ちょこちょこ地上に子孫の様子を見にくることもあるようです。しかしあくまで、あなたの魂の学びを進めるためのコーチはガイドです。

一方、エンジェル（天使）は一度も地球上を体験したことがありません。愛だけの存在であり、わたしたちを見守り続けています。神様とわたしたちの間のメッセンジャーの役割をしているようです。

ガイドもエンジェルもご先祖様の霊も、ほんとうに困ったときや、

間一髪というときは必ずあなたを助けてくださいます。真剣にお願いしてみましょう。

以前、わたしはバスルームの掃除をしているとき、バスタブに乗っかって後ろ向きに思いっきり転倒して後頭部を打ったことがあります。

その瞬間、もうほんとうに死ぬかと思いました。

倒れながら「ああガイドさん、天使さん！　どうか助けてください！」と必死に祈りました。

倒れた瞬間は意識はありましたが、ショックのため指一本動かない状態でした。しばらくじっとしていて、なんとか、携帯まで手を伸ばし、救急車を呼びました。

ところが、救急病院で検査しても、脳も骨も異常はなく、軽い打撲《だぼく》程度で済んだのです。2日後の講演にも元気に登壇できるほどでした。

これはガイドや天使たちが守ってくれたのだと感謝しています。

10 『ガイドの導きと「ザ・シークレット」』

もうひとつ、わたしの身に起こったガイドの導きのお話をさせてください。

わたしはモンロー研究所で、ガイドラインコースという自分のガイドと5日間にわたって交信するプログラムを受講しました。

その期間中、わたしは自分のガイドを顕著に見たわけではなかったのですが、日々直感とひらめきが研ぎ澄まされていくのを感じていました。

仲間の中にプエルトリコ人のティトさんという男性がいました。

そして、彼はわたしのガイドだと直感したのです。

彼にも「あなた、わたしのガイドよね」なんて話をしたりして、コースで一緒にいる間、巨大クリスタルの前で浄化をしてもらったり、瞑想《めいそう》をしたりして過ごしました。

日本に帰国して3日後くらいのことです。ティトさんから1通のメールが

『前世のシークレット』

購入者限定無料プレゼント

ここでしか手に入らない貴重な音源です。

著者・佐野美代子による

本当の自分とつながり あらゆる重荷から解放される 瞑想誘導音源

をプレゼント！

全世界で2800万部を超えるヒットとなった『ザ・シークレット』の翻訳者としてその名を知られ、アメリカ政府も認めるモンロー研究所の公式アウトリーチ・ファシリテーターである著者が特別に制作した瞑想誘導音声です。音楽には、癒しの効果が認められ、25年以上にわたり病院やケアセンターで活用されている音楽家Aeoliahによる『Souls In Ecstacy』を使用しました。

この音源（音声ファイル）は
本書をご購入いただいた読者限定の特典です。

※音声ファイルはWeb上で公開するものであり、CD・DVDなどをお送りするものではありません。
※上記特別プレゼントのご提供は予告なく終了となる場合がございます。あらかじめご了承ください。

↓音声ファイルを入手するには
こちらへアクセスしてください

http://frstp.jp/zensei

きました。『ザ・シークレット』というものをネットで見つけてそれがすばらしく、何度も観ている。それが、ミヨコにほんとうにぴったりだと思うから、ぜひ観てほしい」と。

彼の言葉はガイドの言葉と思っているわたしは、DVDをダウンロードしてすぐに観ました。雷を受けたような感動を覚えました。

わたしが日本の人々に伝えたいと熱望していた現実創造の話が、大きな愛やパワーをもって語られていたからです。

わたしは『ザ・シークレット』に夢中になりました。

「これをわたしが翻訳して日本に紹介したい！」と、突き動かされるような情熱が体の奥底から湧いてきました。

でもわたしは、国際会議の同時通訳はAクラスであるものの、それまで翻訳の経験はありませんでした。

しかし、山川紘矢さん・山川亜希子さんとの偶然の出会いがあり、あれよあれよという間に、わたしは『ザ・シークレット』で翻訳デビューを飾ることができました。

『ザ・シークレット』との出会いはまさしく、ガイドの導きだったのだなと思い感謝しています。

11

ガイドとコミュニケーションをとる方法

ガイドはわたしたちが地上に誕生する前から誰にでも付いています。

ガイドとつながりたければ、まずは、ガイドの存在を信じましょう。

ガイドや守護霊の存在がわからなくても、「自分の周りにいるかもしれない」、その程度でかまいません。

ガイドからすれば、信じていない人に力の貸しようがないのです。

無視されていたら、やる気もなくしてしまいます。

ガイドの存在を意識してみましょう。

日頃から、自分を温かく見守ってくれているガイドに感謝したり、語りかけるようにすることから始めてみましょう。

モンロー研究所では、必ずワークの前に、毎回自分のガイドにお願いします。「わたしがすばらしい体験ができるように、しっかりと導き、お守りください」という感じです。

「どうすればガイドと交信できるのですか」とよく質問されるのですが、朝ベッドで目覚めたら、「ガイド、おはようございます。今日もすばらしい一日になりますように、お導きください」などと挨拶《あいさつ》したり、大事なプレゼンの前に「最高のプレゼンができますよう、見守ってください」など、お願いしてみたりするのもよいでしょう。

眠る前にも、「今日一日、見守ってくださりありがとうございます」と感謝の気持ちを表すと、じょじょにガイドとの絆は深まっていきます。

ガイドからあなたにサインを送っていることも実はたくさんあります。それを見逃しているのはほんとうにもったいないことです。

ガイドからのサインをキャッチするには、ふとしたことで、気になったことを疎《おろそ》かにせず、注意を向けてみることです。

ガイドたちは、わたしたちの周りにいますが、周波数が違います。わたしたちと交信しようとなれば、波動を下げて、わたしたちの周波数に合わせる必要があるのです。

実際、姿を現す霊の話があったりしますが、それはかなり高度なテクニックのようです。簡単だったらもっとバンバンわたしたちの前に現れてもおかしくないでしょう。

だから、わたしたちのほうでもガイドのサインに気づく努力をしてあげることが大事だと思います。

友人の言葉、ドラマや映画のセリフ、友達から勧められた本、ラジオから流れる音楽、夢の記憶、何度も見るコマーシャル、数字のゾロ目を見るなど、いろいろな形でガイドはサインを送っています。

とくに電気はよく使います。電灯を点滅させてみたり、突然ラジオを鳴らしたりするのです。

皮膚感覚を通してサインを送ってくることもあります。すごくワクワクしたり、感動的になって胸のあたりがジーンとしたり、興奮でぞくぞくしたり。そういうものも、ガイドからのサインだったりします。

サインに気づいたら、ガイドとコミュニケーションをするようにします。「サインをありがとう」と感謝をしたり、何度も見るコマーシャルがあれば、その商品をショップに見に行ってみましょう。その道すがら偶然会いたかった友達に会えるというような、シンクロニシティが起こるかもしれません。

そんなふうにガイドとのコミュニケーションを深めていくと、ガイドは必ず困ったときに助けてくれるようになります。ラッキーな出会いに恵まれる機会も増えていくでしょう。

瞑想などをして、自分の心を鎮めることは、サインに気づきやすくなる点でも有効です。自分の呼吸に意識を向けて、ゆっくりと鼻から吸い、ゆっくりと口から吐き出す。これを何度か繰り返すと、ストレスが緩和され、心身がリラックスしてきます。

気持ちが落ち着いてきたらガイドに話しかけてみましょう。

あなたの不安を聴いてもらったり、お願いごとをしたり、感謝を伝えたりします。あなたの気持ちがストレートに届くでしょう。

12

ガイドを感じることが大切

ガイドのお話をすると、自分のガイドが目に見えないことを、非常に残念がる人がいらっしゃるのですが、見えなくてもまったく関係ありません。むしろ、見える必要はないくらいです。

モンロー研究所には、ガイドと交信するためだけのプログラム「ガイドラインコース」や、死後の世界の魂と交信するためだけのプログラム「ライフラインコース」というふうに徹底してそれを学ぶプログラムが設けられています。裏を返せばそれだけ目に見えない存在と交信するのは簡単なことではないということです。

実際、モンロー研究所のトレーナーの中にはガイドが見えないという人も結構います。見えなくても、肌で感じる、匂いで感じる、直感でわかるというように、人によってサイキックなところは違ったりするものです。

「〝何〟とはっきり言葉にすることはできないけれど、今そばにいるような気がする」。それだけでも十分です。

もしあなたがガイドの姿を見て、その話を誰かにしても、相手は驚くかもしれませんが、「へー、おもしろいね」でだいたい終わってしまいます。日頃からガイドを信じているのであれば、ガイドが見えたところで、今までと大きく関係性が変化するものでもありません。

ガイドが目に見えても見えなくても、あなたを導く存在であることに変わりありません。自分がどう感じるか、どうとらえるかが大事です。

スイスにいる親友のマダムは、雨が降っているのに、突然、太陽光線がファーッと降り注いだとき、「あ、死んだおばあさまが太陽を送ってくれた」と教えてくれたことがあったそうです。それって本人の感覚ですから、他人は確かめようがありません。でも、それでいいと思うのです。

身内が亡くなったときに虹が見えたとか、失くしものが出てきたというような話がありますが、そのとき、「ああご先祖様だな」とか、「ガイドかも」と、目に見えない存在を感じることはわりとあると思います。

そういう感覚を日常にも増やしていくと、ガイドとのコミュニケーションは問題なくとれていくと思います。

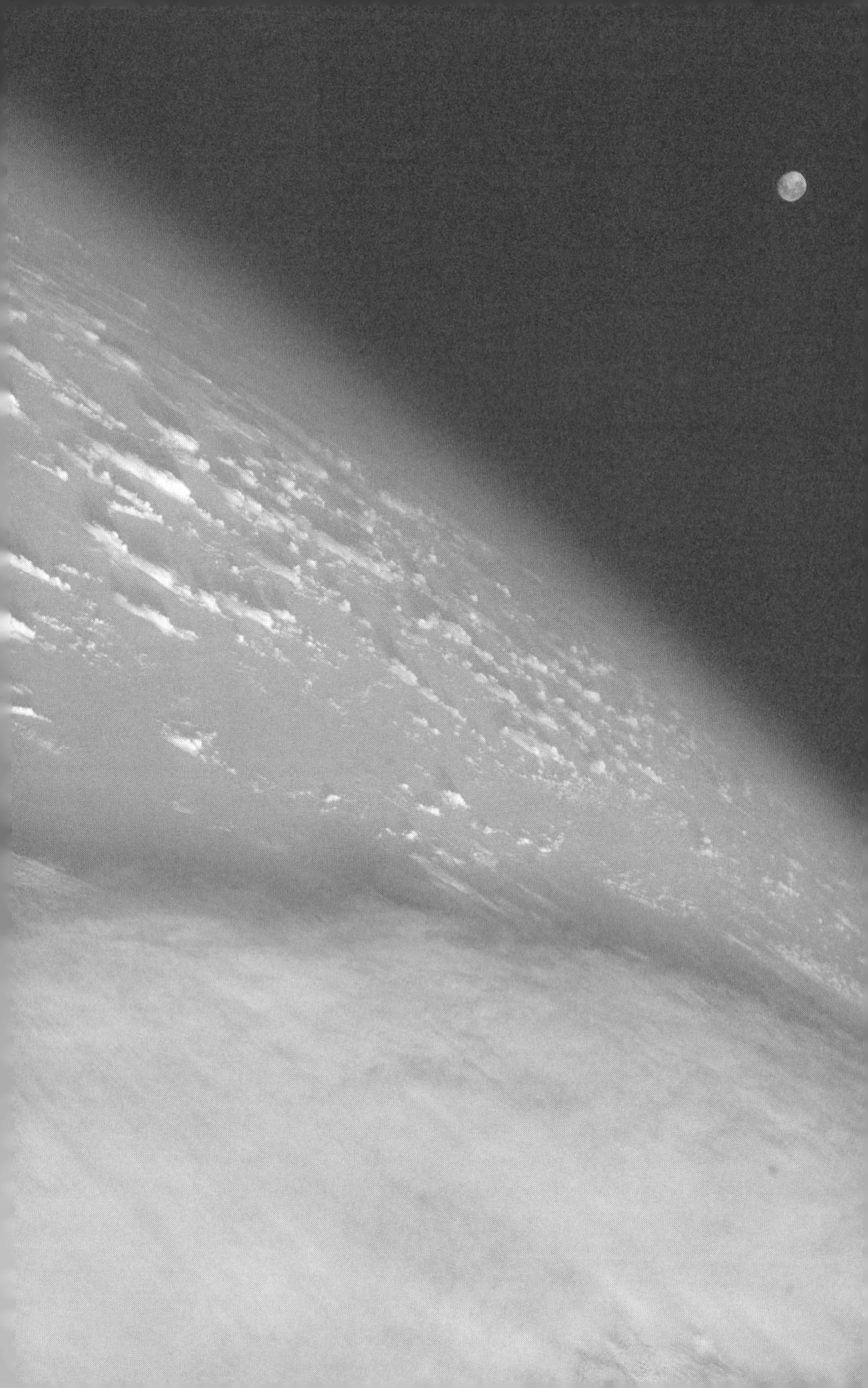

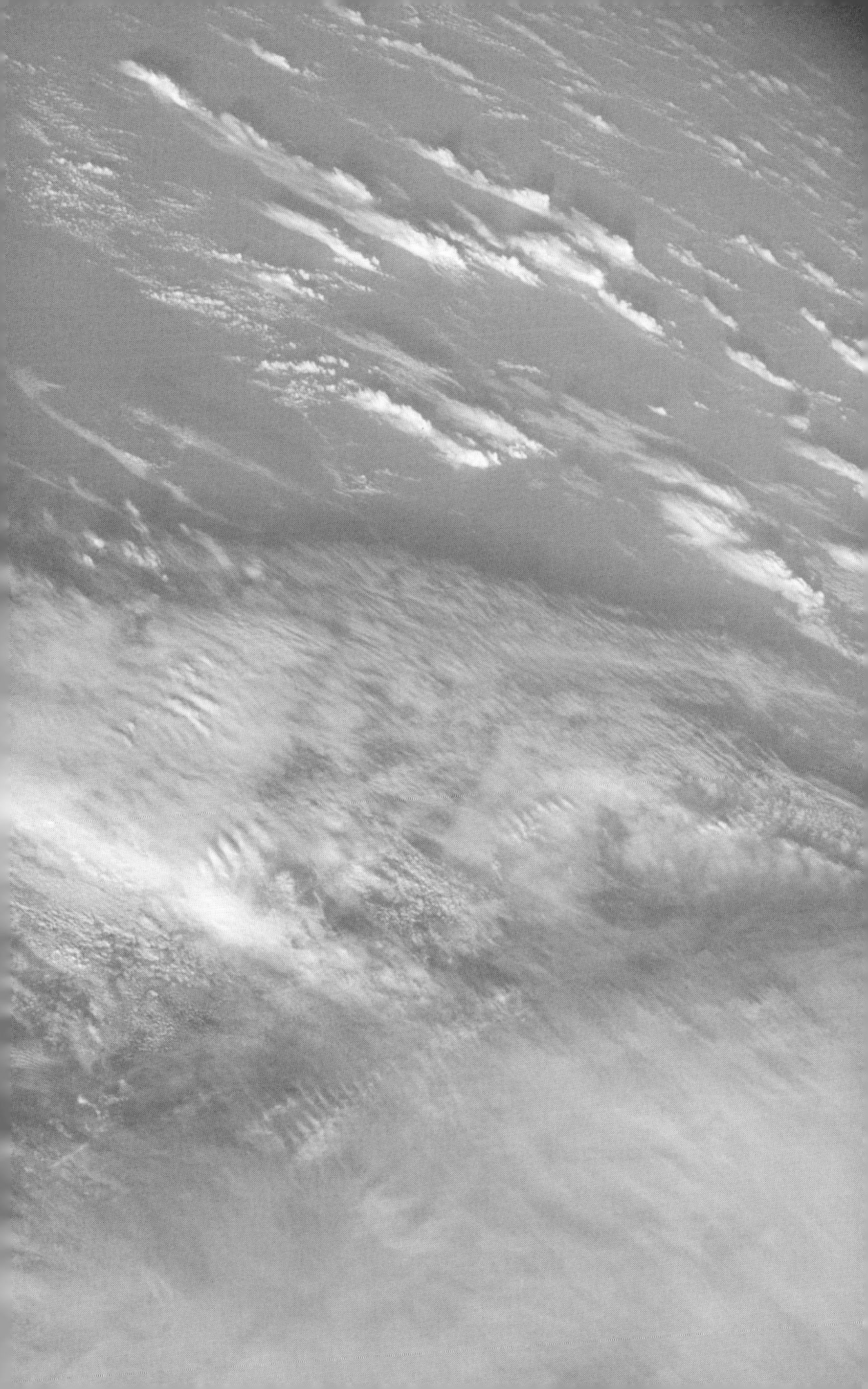

13

課題を克服するために存在するマスターという精霊

いつもわたしたちを導いてくださるガイドのほかに、わたしたちには今生の課題によって**「マスター」という精霊**がつくこともあります。

マスターは日本語に訳すと「師」という意味です。

ガイドは専属であなたを見守っていますが、その精霊とは別です。

自分が小説家になりたかったら、小説家のマスターがつく。

陸上選手になりたかったら、陸上選手のマスターがつく。

陸上を引退して、トレーナーになったとしたら、トレーナーのマスターがつく……というふうに、その役割によってマスターは変わり、サポートしてくれます。

とても心強いですよね。

マスターは間違いなく、前世、地球上にいたとき、その職業につ

いていた人でしょう。

あなたが音楽家だとしたら、もしかしたら前世、天才音楽家と言われながら、20歳で夭折《ようせつ》してしまったような人がマスターとしてついているかもしれません。

すばらしい才能の持ち主が早死にしてしまったりすると、一般的には非常に惜しまれて、悲しみにくれます。

確かに今生では自分たちの目の前から消えてしまうので、「残念」「もう会えないなんて寂しい」と思うかもしれないけど、わたしはそんなに残念がることでもないと思うのです。

なぜなら、人の魂は永遠だからです。

音楽家だった人は、あの世の次元でも作曲したり、楽器を演奏したりしているはずですし、マスターとなって、今生の人に音楽を教えていたりすることもあるのです。

転生すれば、音楽家となって輝くチャンスもいくらでもあるでしょう。

生まれ変わりをするということは、そうやって才能も引き継いでいくことなのです。

14

死を恐れることはない

死の恐怖に苦しんでいる方がいらしたら、「死は、恐ろしいものではありませんよ」とお伝えしたいと、ずっとわたしは思ってきました。

わたしは死を少しも恐れていません。

周波数が変わって光の次元へ行くだけなのだととらえています。

地上の人間は、順を追ってこの世からあの世の住人になっていきますが、あの世に行くと、自分より先に亡くなった、愛する人やペットが必ず迎えに来てくれるそうです。

一般的な死の場合、死にゆく人に対しては死後においてもしっかりとした配慮がなされ、独りぼっちで魂がさまようというようなことはありません。

そして、本人がいちばん望む姿になり、暮らします。

天国に逝ったあなたの大切な人も、あの世で苦しむことなく暮らしているはず。

魂が肉体から離れると、今生で背負っていた病気や障害から解放されます。あの世では肉体的な病で苦しむことはありませんし、あらゆる障害からも解放されます。

仮に地上で手足を事故で失っていた場合でも、あの世では五体満足の姿になることができます。

先に旅立った人は、あなたを死後の世界で待っていてくれます。ちょっと長く単身赴任をしているような、異国の地で暮らしているような感じと思ってみましょう。

本当は、死というものは喜びのイベントなのではないかとさえ、わたしは思っています。この世の修行を終えて、肉体という鎧《よろい》から解放され、魂の故郷へと帰るのです。

光の次元に行き、みんなによく頑張ったといって迎えてもらって、穏やかな楽しい日々を送る……。

死後の世界は霊がふわふわ漂っているような場所ではなく、しっかりとした実体・実感のある世界なのだそうです。そこには山や小川、森や湖のような自然があり、犬や猫、小鳥のような動物たちも存在しています。

さらに魂たちの家があり、学校や病院、研究所や文化ホールなどもあります。魂はそれぞれが自分自身の魂レベルや能力に見合った仕事を持っているそうです。

そもそもこの地上界が霊界の写しのようなものなのです。

スイスにいたとき、クリスチャンの友人の葬儀に参列したことがありました。そのときに「涙を流したらだめですよ」とアドバイスされました。どんなに近い身内であっても泣きません。どうしてかというと、神様のいらっしゃる、すばらしい天国に旅立ったのだから喜ばしいことだと言うのです。

日本ではお盆になると家に仏様が帰ってくるといって、お迎えする家庭が多いものです。お墓参りに行って、墓前で話しかけたりもします。みな、どこかで亡くなっても魂は生き続けているとわかっているのです。それは、魂に意識があると思っているからで、そうでなければやっても仕方ないでしょう。

死は永遠の別れではないのです。

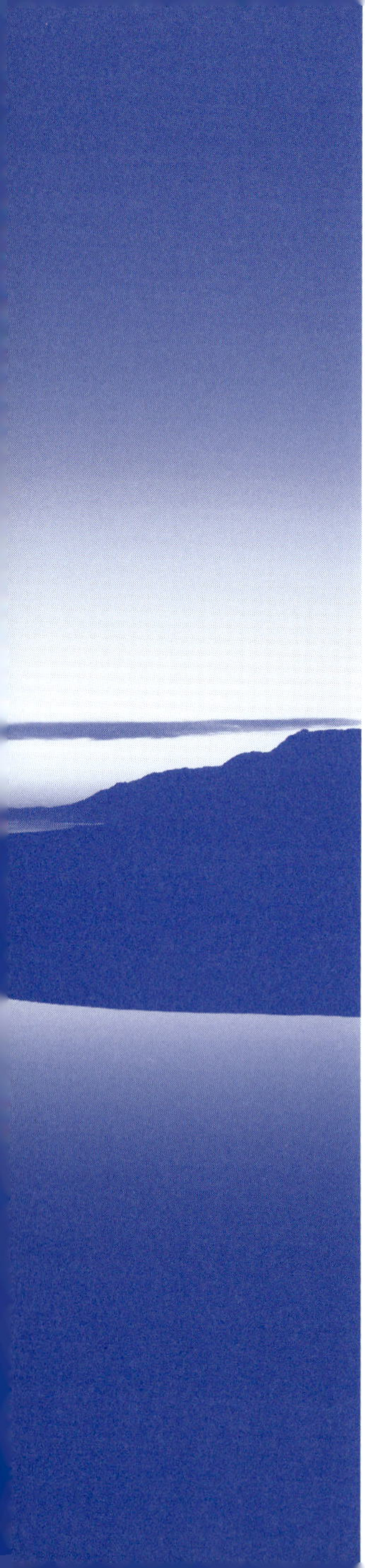

亡くなった人が帰ってくる感じがするとか、どこかで生きている気がしてならないと感じるのも、その人の魂が消えたわけではないのですから、当然です。

宗教や文化の違いはもちろんありますが、魂は永遠に続いています。

気落ちしないでください。

あなたは見守られているし、あの世で必ず再会することができます。

15

体外離脱と魂

体外離脱や臨死体験の経験がある人は、自分の意識が肉体から離れる感覚を知っているでしょう。体外離脱をご存じない方のために簡単に説明すると、それらは人間の肉体から魂が抜けて、独自に行動する状態のことをいいます。

わたし自身は臨死体験の経験はありませんが、**臨死体験者の多くが、肉体から魂が離脱した経験を根拠に、死後の世界があることを確信したと報告しています。**

実際、自分が今生の肉体の形を保ったまま、肉体の外に出て、目の前に横たわっている自分の姿を見るわけですから、「自分の意識（魂）は肉体から離れても存在しつづけているのだ」と思うのは、自然なことです。

離脱した際、多くの人の報告では、心は落ち着き、独特の多幸感に包まれて、横たわる肉体の中に戻りたいとは思わないといいます。

「こんな小さな肉体にまた閉じ込められるなんて」と思うようです。

死後の世界の存在や魂の不滅を直感的に悟ったという人も多くいます。

体外離脱そのものは、肉体の中で、単に、振動数（エネルギー）が上がった状態にすぎません。

地球上ではふだん、魂の振動数と肉体の振動数が一致しているのですが、体外離脱は、魂の振動数が上がって肉体にとどまっていられなくなった状態なのです。


体外離脱のすばらしいエピソードをひとつご紹介しましょう。

わたしのセミナーに来てくださった30代の女性のお話です。

彼女は病気で入院をしているとき、体外離脱をしました。彼女がぽつりと駅に立っていると、ホームに電車が入ってきたそうです。その電車、どこに行くとあなたは思いますか？　想像してみてください。

彼女は「この電車はあの世行きだ」とすぐに気づきました。あの世へ行くとき、三途《さんず》の川を渡るとか、光のトンネルを抜けるなどの表現がありますが、お迎えの電車が来ることもあるのですね。

彼女は、この電車に乗ったらもう地球には帰ってくることができない。あの世の次元に行ってしまうのだとわかった。でも、それが少しも怖くなくて、それでもいいかなと思ったそうです。

でも2歳の子どもを置いてきているし、まだ乗らないほうがいいかな……と思った瞬間、目覚めると自分の体に戻っていました。

彼女は、この体験をして死ぬことが怖くなくなったし、もしあのとき電車に乗ってしまっても、2歳の子どもはひとりで生きていけると確信したそうです。

わたしはこの話を聞いて、彼女は魂の旅について真実の気づきを得たのだと思っています。

小さな子どもは親がいないと何もできないと思うかもしれませんが、そんなことはありません。2歳の子どもにだって生きていく力があります。

どんな人間にも、この地球に降りてきたからには、たとえ幼くして親を亡くす運命でも、それをちゃんと乗り越えられます。そういう魂として、覚悟を決めて生まれてくるからです。

16

死は永遠の別れではない

自分が亡くなって死後の世界に魂が移行した後、どれくらいで生まれ変わるかは、人それぞれのようです。

小さい頃に亡くなっているほど、早く生まれ変わると言われています。

そういう意味では、流産して母親のお腹に数か月いただけの魂がいちばん早く生まれ変わるかもしれません。よくあるのは、同じ母親の次の子どもとして生まれ変わるケース。母親が直感的に「あの流産しちゃった子が戻ってきたんだな」と感じるという話はほんとうによく聞きます。

赤ちゃんに限らず、4、5歳くらいまでの幼児が亡くなった場合も比較的生まれ変わりが早く、前世の家族がまだ生きていたりして、確証がとれることもあります。

前世がパイロットで、硫黄島で戦死した記憶を語るイギリスの少年ジェームズ・レイニンガー君はその一人です。

彼は2歳くらいから夜な夜な戦闘機が撃ち落とされる悪夢にうなされるようになりました。そして両親に、彼はジェームズ（奇しくも同じジェームズ）というアメリカ人パイロットだったこと。第二次世界大戦中、日本軍に自分が撃ち落とされたことや、パイロット仲間の記憶など、幼い彼が知るはずもないことを話し始めました。

両親は不思議なことばかりいう我が子を心配して、カウンセリングを受診したところ、これは輪廻転生で過去の記憶が存在するに違いないと言われます。

両親も最初はとても信じられませんでしたが、息子のあまりにも鮮明な記憶から、生まれ変わりを信じるようになりました。**そして、調べてみると、実際ジェームズ・ヒューストンさんという戦闘機事故で戦死した軍人がいたことが判明したのです。**

彼の仲間だった退役軍人の生き残りの方や、存命だった実姉にも会ったところ、その家族でしか知りえない話をしたそうで、お姉さんも弟の生まれ変わりと信じたということです。

彼の話は本にもなりましたので、世界的に有名になりましたが、こういった前世の記憶がある人は世の中にたくさんいます。

その多くが子どもたちです。

大人になるにつれ、そういった記憶はじょじょに薄れてしまうようで、ジェームズ君も、8歳くらいまでは悪夢を見続けたものの、その後はじょじょに減り、高校生の頃には完全に忘れてしまったといいます。

何も人生経験を積んでいない小さな子どもが、自分とはまったく関係のない専門的な話をしたり、遠い過去の出来事を詳しく話している動画などを観るたびに、わたしは前世や生まれ変わりはやはり疑いようがないと思うのです。


幼い我が子を亡くすようなことがあると、親御さんはほんとうにどうしたらいいかわからなくなってしまいます。

自分の運命を責めたり、何かできることはなかったかと考えて、思い詰めてしまう人も多いものです。それで何年もふさぎ込んでしまったり、心を病んでしまったりする人もいます。

わたしにも子どもがいますから、その苦しい気持ちはとても理解できます。


でも、今生で終わりでないということを信じてください。

また来世一緒になって親子になれるかもしれません。

天国にいる子どもの魂は、この世にいるのと同じように、幼稚園に通ったり、小学校に通ったりして、お友達もできて、楽しく暮らしています。

ご両親のところとあの世を行ったり来たりして、天使みたいにあなたを見守っているでしょう。ママやパパがずっと悲しんでいる姿をみたら、彼らもつらいかもしれません。

子ども同然に可愛がってきたペットとの別れも同様です。

ペットロスで苦しんでいる人は涙を拭きましょう。ペットは動物ですが、死後、もれなくわたしたちと同様に光の次元に旅立ちます。

ペットたちはあなたが注いだ愛情を忘れることは決してありません。あなたが天国に到着したら、いちばんに駆け寄ってくるでしょう。

今生一回切りで終わる関係はないのです。

大事な人やペットを亡くしてしまった直後は、なかなかそんな気分になれないという人もいるでしょう。ゆっくりでいいのです。

そういうときは、積極的に自分を癒してあげてください。

17

亡くなった人と交信したいときは？

　亡くなった愛する人を思い出して、「あの世で元気にしているのかしら？」「○○のことをどうしても伝えたい」「一言でいいから連絡したい」と、思うことがあるかもしれません。

　ましてや、旅先で亡くなってしまったり、不慮の事故で、突然目の前からいなくなってしまったら、どれほど無念なことでしょうか。人生はやり直しが利《き》きませんから、悔しいですよね。

　何か一言でよいから、サインがほしいと思う人もいるでしょう。

　亡くなった人とどのように交信したらよいか。それは特別なことではないとわたしは思っています。しばらくして落ち着いたら、その人とつながるようにしましょう。

　お仏壇に手を合わせたり、亡くなった人のことを考えたり、夢に出てきたりしたら、大概《たいがい》、交流しています。

その人のことを思い出して、楽しかったこと、悲しかったこと、さまざまな思い出を巡らすのでも、あなたはその人とつながっています。

特別なことをしなくても、心の中で名前を普通に呼びかけたりするだけで、ちゃんと思いは届きます。その度に愛する人の魂は、あなたのそばまで毎日降りてきてくれます。

ふだん天国にいる人の魂があなたの近くにいるとどんな感じがするでしょうか？

その人の気配を感じるかもしれません。部屋の温度が変わった感じがするかもしれません。ちょうちょが飛んできたり、曇り空から晴れ間がのぞくかもしれません。

とくに現象として現れなくても、亡くなった人を思い出すことで、あなたが癒されたのなら、ちゃんとコミュニケーションが取れている証拠。

あなたの思いは通じます。

その人のことを思い出すことは、その人からの思いも、あなたに届いているということなのです。

18

地獄は自分が創り出している

わたしたちの魂は亡くなると「あの世」に行きます。

この世とあの世の次元は何がいちばん違うかというと、エネルギーの周波数です。

この世の次元は周波数がいちばん遅くて、密度が濃い。もしこの地上にいながらにして周波数を上げていくことができれば、死後の世界が見えたり、ガイドと交信できたりします。あの世というのは次元がずっと上なのですね。

こういう次元の話をしていると、「地獄に行くことはないのか?」「地獄とはどういう次元?」と質問されることがあります。

わたしの考えでは、**地獄とは自分の意識が創り出しているもの**です。

つまり、一般的に言われるような、亡くなったとき、神の裁きによって、天国か地獄に行くかが決まるというようなものではないと思っています。

わたしたちは亡くなると、ガイドとともにライフレビューを見るとお伝えしました。それは自分で自分の人生を振り返る機会ですが、そのとき、**自分の立場だけではなく、自分が影響を与えた他人の立場でも、自らの言動や行為を知ることになります。**

自分の行為が誰かの役に立ったことを知って嬉しくなるかもしれませんし、逆に自らの行為によって誰かを傷つけていたことを知って愕然《がくぜん》とするかもしれません。

もし自分がこの世でたくさん人を傷つけたとすると、その傷つけられた相手の気持ちをすべて味わうことになります。

人を殺めていたら、その殺された人の痛みや苦しみを同じように味わうのです。自分が関わった人、すべての気持ちを体験してしまうから、当然自分は苦しいはず。

まさに地獄の苦しみを味わうわけで、それが地獄なのだと思うのです。

しかし、実際に臨死体験をして、地獄を見てきたという人もいたりします。そういう話も世の中にはたくさんあります。

わたしの知る話では、真っ暗な場所で、煮えたぎった炎の中で苦しみ、もがき続けるとか、お腹が空きすぎても食べるものがないから自分で自分を食べているとか……。

そういう話を聞くと、「やっぱり地獄はあるのではないか？」と思った時期もありました。しかし、いろいろ調べるうちに、地獄は自分の脳が創り出しているというところに行き着きました。

わたしたちは自分で気づかないうちに、いろいろなものを潜在意識に吸収しています。それが目の前の現実になっています。

たとえば、親や祖父母から「悪いことをすると地獄に落ちるよ」「罰が当たるよ」などと繰り返し言われていると、そういうところがあるのだと思い込むようになってしまうものです。

そうなれば、死ぬとき、「ああわたしはやっぱり悪いことをしたから地獄行きだ」と自分が思えば地獄へ行くのです。

クリスチャンであれば、小さい頃から「亡くなったらイエス様のところに行くのよ」と繰り返し教えられていると、死後イエスに会うでしょう。

どんな人も死後の世界への自分の思いが、死後の世界を創っている面があるということです。

あなたは地獄があればいいと思いますか？

思いは一瞬で変えられます。

自分が「地獄はある」と思わなければ、地獄はなくなります。

わたしがぜひお願いしたいのは、**ご家族など、周りにこれから死に向かう方がいるとしたら、心地よい気持ちで、安らかにそのときを迎えさせてあげてほしい。そのとき、「死後の世界はあるよ」ということをインプットしてあげてください。**


死の瞬間が訪れたとき、ガイドや天使があなたをお迎えにきます。

でも、魂の変遷や霊的な知識をまるで持たず、死後の世界なんて信じないという人は、あの世からお迎えが来てもまるで気がつきません。そして、行き場のない浮遊霊になってさまよい続けてしまうこともあります。


せっかく死後の世界に行けば、会いたかった人たちに会えたり、頑張ったねとたくさん労《ねぎら》ってもらえるのに、それを知らないと成仏できない可能性もあるのです。それは気の毒なことだと思いませんか。

「死後の世界には、先に亡くなったかわいいペットも、おばあちゃんも、おじいちゃんもみんな待ってるよ。痛みも全部なくなるんだよ」と言って、安心させて旅立たせてあげてください。

地獄の存在と関連して、自殺をするとどうなってしまうのか気になる人もいるかもしれません。魂から見てみると、自殺をしてもすべてが終わることはありません。死後も魂は変わらず生き続けます。

しかし、普通は皆が行けるあの世にまっすぐ行くことはできないようです。

自殺者は死後、今生の悩みや苦しみから解放されることなく真っ暗な世界をさまよいます。

自殺者の魂が、その環境下でどれくらいの期間過ごさなければならないのかは、その魂のレベルや自殺の動機などでも変わってくるようです。

ただ、どの自殺者の魂も、死ぬ前に抱いていた苦しい感情が増幅され、まさに地獄的な環境の中で、途方もない時間、苦悩にさらされ続けます。

この世であれば、何かしら息抜きができたりするものですが、そんなこともできなくなり、ますます状況は過酷でつらいものになるようです。自らの命を断ったことや残した家族のことを思って、後悔することもあるでしょう。

いつかはわかりませんが、自殺者の魂もいずれ再び地球に生まれ変わります。しかし、前回挫折した試練にふたたび直面する可能性も高くなります。その試練は自殺したことによってさらに重たくなる場合もあるでしょう。

わたしたちは、解消すべき課題を乗り越え、学ぶべき教訓を会得《えとく》

するまで、何度でも人生をやり直さなければならないのです。

わたしたちは無理やり苦しい人生を歩まされているわけではありません。なぜなら、この世へは自らの意志で生まれてくるからです。この世界を生き抜くことが自らを成長させ、あの世へと帰還したときに、それまでの苦労がすべて報われ、幸福を味わうことができると魂は知っているのです。

自殺願望がある人は、絶対に命を断つのだけはやめてください。

命があればどんな人でも暗闇から脱することができます。必ず一条の光が見えてくるでしょう。奇跡が起きることもありますし、生きていればチャンスがあります。

諦めないでください。

あなたは存在しているだけで、この宇宙では大きな意味があるのです。無駄な人生なんて一つもありません。

わたしたち一人ひとりは、その人なりのこの世における役割と使命をもって生まれてきます。

苦難や苦悩は、この世で解決すべき宿題として自分で決めてきた課題だからです。

ご自分の勇敢な魂を讃《たた》えてください。

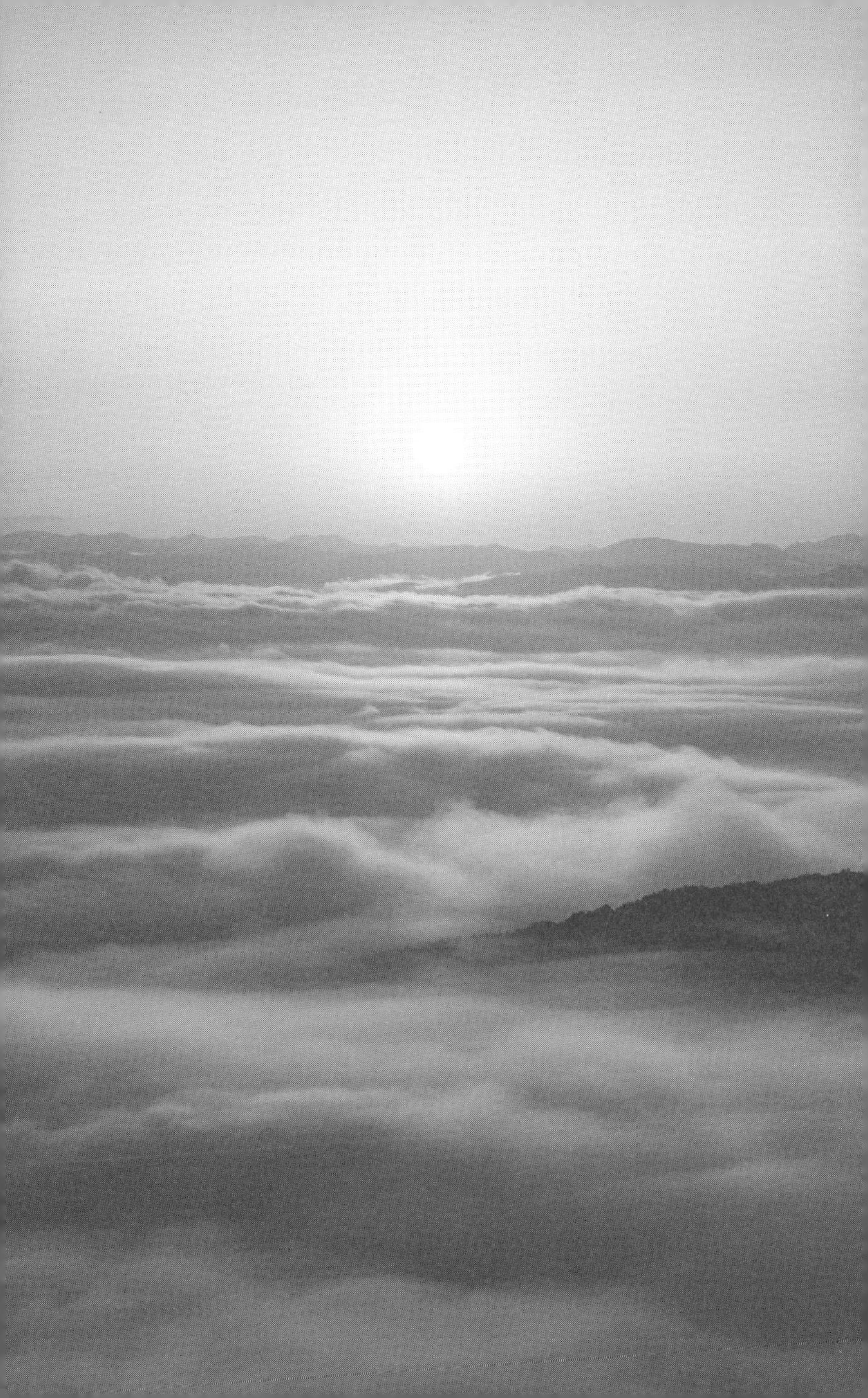

19

あなたが現実の創造主である秘密

魂は転生しながら成長していきます。

ですから、**今生の自分というのは、自分の魂史上、最高レベルを生きているのです。**

家族間に問題を抱えていたり、重い病気になったり、体が不自由になったり、経済的に困窮《こんきゅう》したりしてしまうと、周りの人ばかりが輝いてみえて、自分がまるで敗者のように感じてしまうかもしれません。

でも、決して敗者ではありません。もしかしたら前世のあなたは、驚くほどの成功者でお金持ちだったかもしれない。たとえそうだとしても、今生のほうが魂レベルは上です。いまの自分ほど優れた自分はないのだと、自信をもって生きてほしいとわたしは常々思っています。

たとえば、がんを患ったりすると、何かわたしは悪いことをしたのではないかとか、天罰を受けているのではないかと考える人がいますが、わたしはそうは思いません。前述したように、**地獄もなければ、神様が裁きを下すこともありません。**

そういうことがあると思うのなら、すべて自分が創っているのです。

闘病のために仕事を辞めなくてはならなくなったとしても、事業に失敗して自己破産することになっても、とてもかわいがってくれた肉親が亡くなってしまったとしても、必ずそこには学びがあり、あなたの魂は成長していま す。

その出来事が起こった直後は、つらすぎて現実を受け入れられないこともあるかもしれません。誰かに八つ当たりをしたり、自暴自棄になってしまうこともあるかもしれない。

でも、諦めないでゆっくりでもいいので前を向いてください。ガイドはあなたを見捨てることはありません。ご先祖様も天使も固唾をのんであなたを見守っています。あなたと喜怒哀楽をともにして、一生懸命にあなたを応援しています。

今生で魂が苦しい経験を積んでいる人ほど、魂のレベルは一気に上がります。

地上での学びを終えた魂は、最終的にすべての創造の源に戻っていきます。

創造の源というのは、「ソース」「クリエイター」「創造主」「神」「光」など、表現はそれぞれです。

魂は最終的に創造の源に戻るけれど、実は、そこから始まっているともいわれます。創造の源に戻るけれど、そもそも源から生まれる……。

「魂はそれを繰り返しているのか？」
「何が目的なのか？」

このような疑問を持つ人もいるでしょう。

少し難しい話になりますが、お付き合いください。

わたしたちは時間軸に沿って、過去、現在、未来を生きていると誰もが考えています。その考え方はとてもイメージしやすく、わかりやすいのですが、

じつは物理学の最先端の世界では、この宇宙にはそもそも時間という概念が存在せず、すべてのことは同時に起こっているという考え

方があります。

時間という概念は人間の記憶によって作り出される幻想にすぎないということです。こういう考え方に初めて触れる方は混乱しますよね。そういう場合は、スルーしていただいても大丈夫です。

これはつまり、自分の意識がどこに周波数を合わせているかで、見える現実が違うということです。たとえば、自分が死後の世界にいるとすると、そちらが自分にとってはリアルな現実で、地球上のことがまるで夢のように見えるでしょう。

いま自分は地球に周波数を合わせているから、ガイドや亡くなった人の霊などは見えないということです。

すべてのことは自分の思考でできています。
思考は自分の意識とイコールです。

自分の意識がすべてを創り出しているとなると、すべてのことは幻想かもしれないし、この宇宙には、ほんとうは何もないのかもしれない、ともいえるのです。

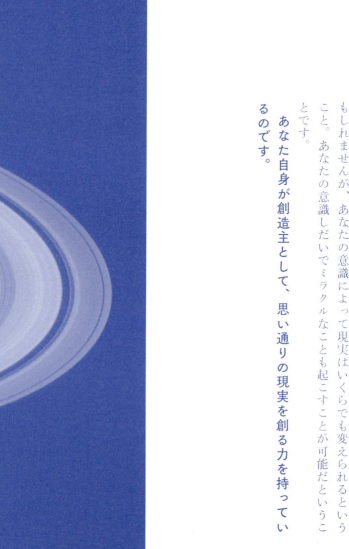

現実を基準に物事を考えていると、この考え方はなかなか理解しにくいかもしれませんが、あなたの意識によって現実はいくらでも変えられるということ。あなたの意識しだいでミラクルなことも起こすことが可能だということです。

あなた自身が創造主として、思い通りの現実を創る力を持っているのです。

20

今生の生き方が来世を決める

わたしたちは、魂を磨くためにこの地上に降りてきました。

何度でもいいますが、**生きている目的は「魂の修行」です。**

出世しているとか、お金持ちであるとか、年上か年下かなどは魂のレベルと何も関係がありません。

もし、自分があまり社会的に評価されていなくても、気にしないことです。

社会的地位が高い人や、裕福で学歴が高い人が、魂のレベルが高いとは限りません。それらがなくても魂のレベルはとても高かったりします。

神様はちゃんと見て正確に判断してくださいます。

地上では肉体的な外見の魅力が人間の優劣を判断する一つの指標となることがありますが、あの世では魂の成長度がそのまま外見的な美しさに反映されるそうです。

あの世は魂のレベルによって階層が分かれていて、魂のレベルが向上すればするほど、より高い階層へと進むことができます。

魂のレベルが高くなればなるほど、より大きな幸福を得ることができるのです。

高い階層へ進むことができないことは、魂にとって大きな苦痛になります。その原因が前世やり残したことであったり、後悔していることだったりする場合、一刻も早くそれを解消しようと考えます。その手段として、地上に生まれ変わってふたたび試練の道を歩もうと決断するのです。

わたしたちの魂は驚くべきチャレンジャーであり、向上心に溢れているのですね。

こうなると、地上の人生がいかに大切か、おわかりいただけるかと思います。いまどのような人生を送っているか、その積み重ねが死後に影響し、来世にも影響するということです。

もし、今生あなたがとても幸せだと感じることが多かったら、あなたの魂は前世でとてもがんばって多くの苦難を乗り越えて魂を成長させてくれたのかもしれません。

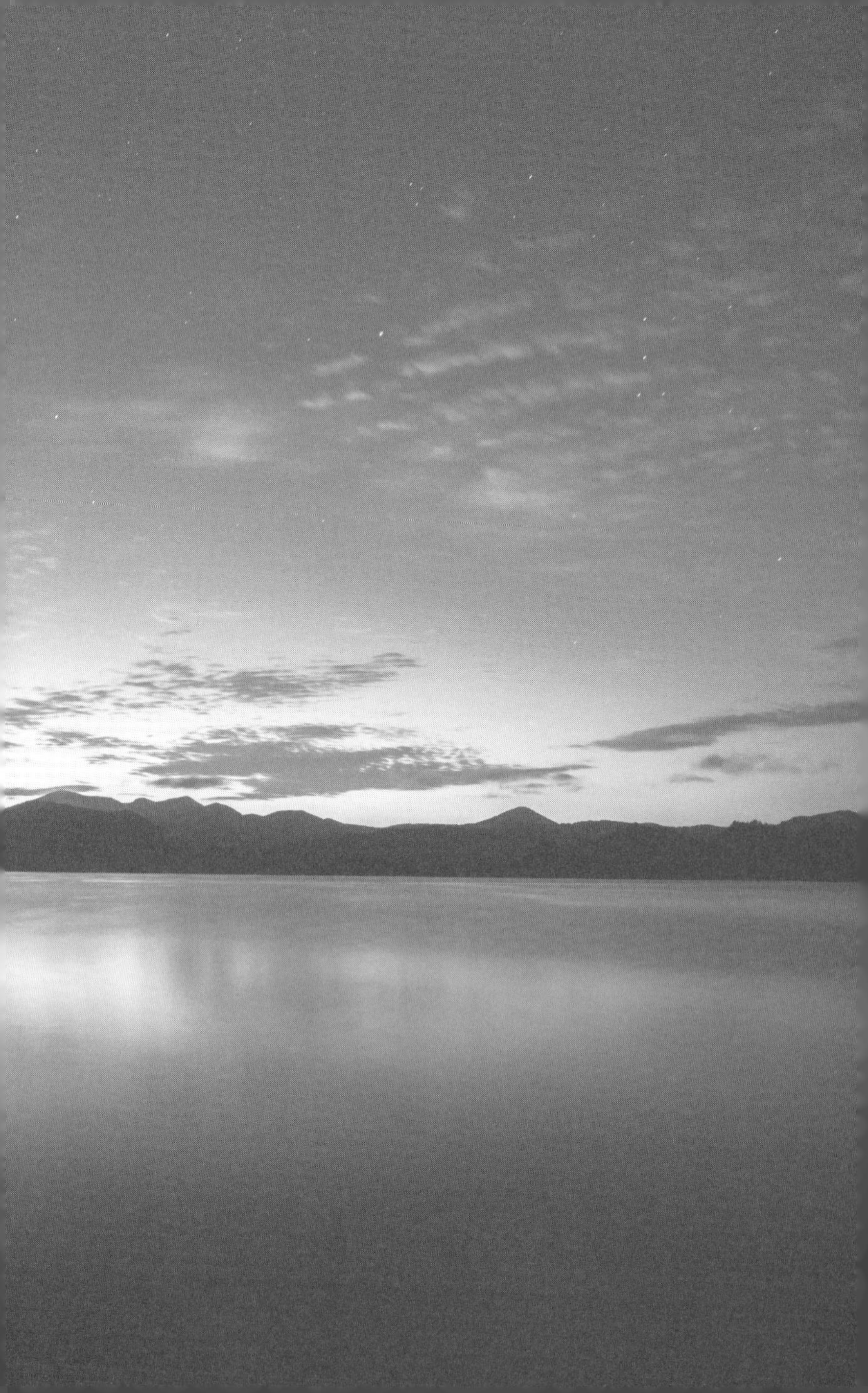

21

ネガティブな思考をクレンジングする方法

著名な細胞生物学者のブルース・リプトン博士は、細胞には意識があり、思考によってDNAをもコントロールすることができるという偉大な発見をしました。

いままでは、DNAこそがすべてを決めていると信じられてきたのですが、思考によってDNAをコントロールすることができるとなれば、病気の人は思考を変えれば病気も治すことができるということです。「病は気から」が迷信ではないことを細胞レベルで実証したのです。

臓器移植を受けた人が、移植後に嗜好《しこう》が変化したり、身に覚えのない記憶を思い出したり、という話を聞いたことがありませんか？

そのいずれもが臓器提供者の嗜好や記憶だったと裏づけされたケースが世界中にあります。

臓器や細胞にまで意識があるのだとしたら、とても納得がいく話です。

そもそも病気は思考が創り出しています。

心の葛藤が体に表れているというとわかりやすいかもしれませんが、病にはその原因となる「不安」や「怒り」といったネガティブな思考が必ずあります。

誰が好き好んで自分の体に苦しい病気を創り出すのかと思う人もいるかもしれません。でもそれが無意識のうちに創られているのだとしたら、誰が否定できるでしょうか。

特別なケースを除き、幼い子どもは、頭痛や胃痛、便秘などの症状を訴えることは少ないといいます。これはストレスが少ないためでしょう。

しかし、お受験や塾通い、習い事が増えるなどして、自由に遊ぶ時間が減ってくると、子どももしだいにストレスを感じはじめます。

さらに親からの期待や心配、友達との能力の差や、周りの大人からの評価を気にし始めることで、子どもの精神状態はどんどん悪くなっていきます。

すると、体調を崩しやすくなったり、心が不安定になったり、大事な日に必ず発熱するといった症状を訴えるようになったりします。

発熱や痛みといった、なにかしらの症状を抑えるためには薬を飲むことになりますが、その根本の原因は症状を発している体の部位にあるのではなく、心、本人の「思い」に行き着くのです。

成長過程でつらい体験をしたことは、潜在意識に深く記憶されていきます。潜在意識はわたしたちの無意識を司《つかさど》っています。

心臓が休みなく働き続けているのも、意識せずとも呼吸ができるのも、潜在意識にプログラミングされている生存本能のおかげです。わたしたち人間は60兆個の細胞でできていますが、細胞を絶え間なく生み出しているのも潜在意識の働きです。

つまり、**細胞もさまざまな感情をいっしょに体験し、記憶しています。**

潜在意識にネガティブなエネルギーを溜め込んでいればいるほど、心や肉体をむしばむ細胞が創られていく。だから病気を起こすようになってしまうのです。

ですから、潜在意識にあるネガティブな思考をクレンジングすることができれば、あなたは健康にもなっていけます。

ネガティブな思考をクレンジングするのにもっともパワーがあるのが、愛や感謝のエネルギーです。

これはわたしが実際に経験した話です。

わたしの知人に空手の先生がいます。まだ30代とお若い方です。あるときに関係者から連絡をいただいたら、末期がんで余命1週間余りだ、と。先生がみんなにお別れしたいから生前葬をするので、そこで乾杯の音頭をとってくれないかというのです。わたしは「自分の寿命は自分が決める」と信じています。自分が抱く信念（思考）が細胞の一つひとつにまで浸透して、体に変化をもたらすのだと、ブルース・リプトン博士の発見を大いに支持しているのです。

だから、「『絶対死ぬ』なんて決めないほうがいい」と言いました。そうしたら、真っ黒でどろどろになりかけた胃の写真を見せて、「もうこんなだから、わかる」とおっしゃって、どうしてもということで生前葬をあげました。

小中学生の生徒さんが50人ほど集まり、みなお小遣い100円くらいで先生にプレゼントを持ってきました。1輪の花だったり、お手紙だったり、寄せ書きだったり。

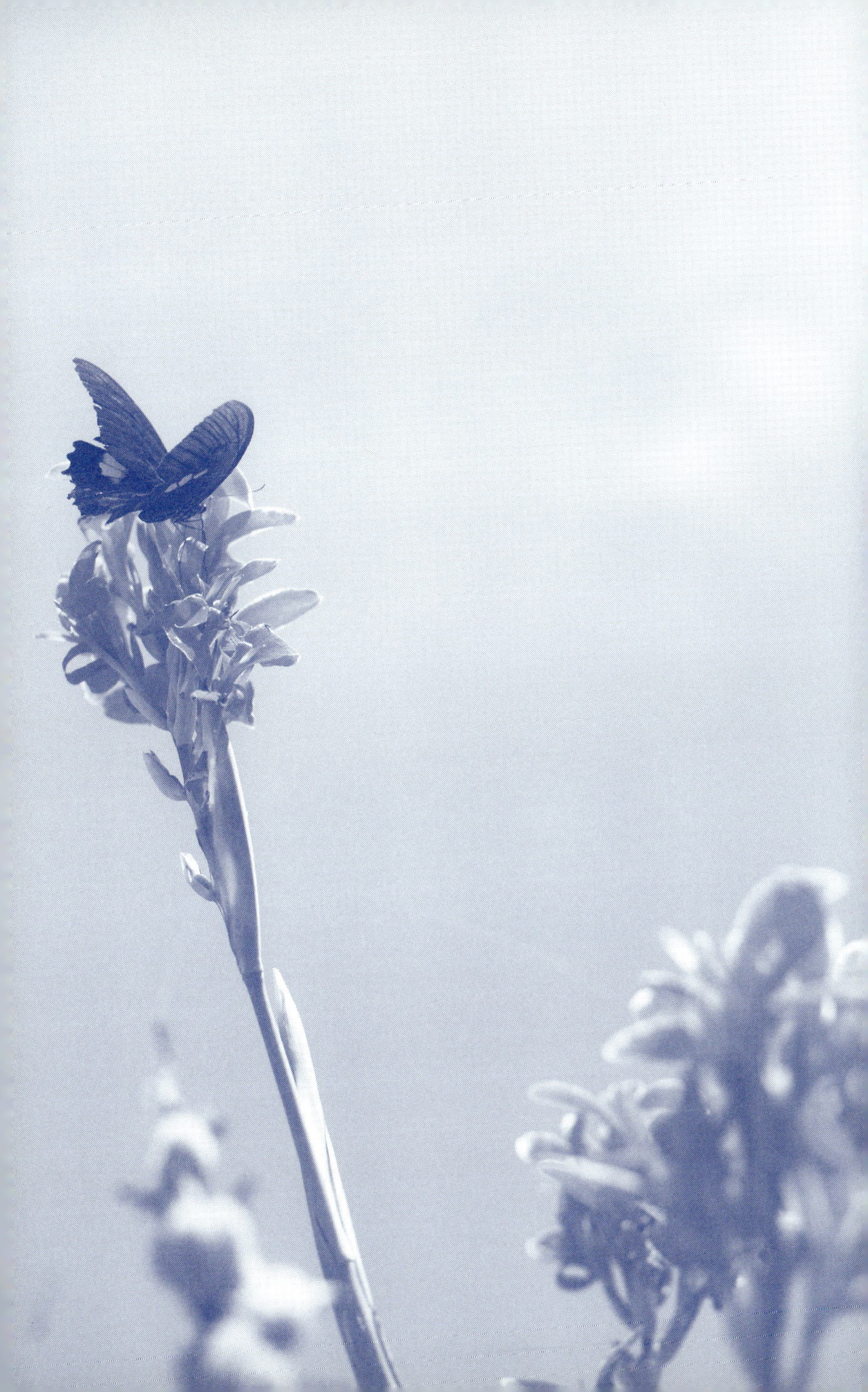

それを一人ひとり先生に渡して、「ありがとうございました」と涙をこらえて握手をしているのをわたしはずっと傍らで見ていました。

最後の乾杯の時間になって、わたしは先生がこのまま亡くなるとは思えず、「ますますのご健康を」と言ってしまいました。

そうしたら、後日、ほんとうに元気になってしまったのです！

胃の写真をもう一度見せていただいたら、生まれたてのようなきれいなピンクでした。

先生や関係者は「奇跡が起きた」とおっしゃっていたけれど、子どもたちがたくさん来て、会場が愛であふれんばかりに包まれていましたから、先生の体中に愛のエネルギーが駆け巡り、がんが消えたのだと思いました。

ただし、これは真似しようと思ってできるものではありません。

「火事場の馬鹿力」という言葉がありますよね。

自分の子どもが車の下敷きになったら、思いっきりその車を持ち上げてしまうとか。そういったピンチのときに、ほんとうに自然に湧いてきた人間の意識や感情の力が奇跡を起こすのです。

いま、こうしている瞬間瞬間にも、新たな細胞は作られています。

あなたは生まれてからいままで、自分の心臓や胃、腎臓といった臓器に感謝したことがありますか?

まずは、体の臓器一つひとつにありがとうの気持ちを伝えてあげることから始めてみるのもいいと思います。

寝る前などに、**「いつも休まず働いてくれてありがとう。ほんとうに助けられています」**というふうに愛の気持ちを送ってあげてください。

それだけでも深い睡眠が得られたり、寝ている間に体の細胞は悪いところを修復してくれますから、働きそのものが変わってくるでしょう。

心臓が止まってしまったら、わたしたちは何ひとつできません。

動いているのが当然だと思って見過ごしてしまいがちだけれど、**臓器一つひとつにも意識がありますから、感謝や愛が伝われば、ちゃんと応えてくれます。**

22

前世のカルマもクレンジングできる

この世で何かの試練に直面したとき、前世でした行いが原因になっているのかもしれないと考えることがあるかもしれません。

いわゆる**カルマ（業）**ですね。

事実、いま今生であらわれている試練は、前世のあなたが悟れなかったことなのでしょう。しかし、都合がいいと思われてしまうかもしれませんが、わたし自身は前世をポジティブにしかとらえていません。

たとえば誰かと親友になったら、「きっと前世でもご縁があったのだわ」とポジティブなことに当てはめて前世をとらえることはしますが、自分の試練は前世から来ているとはとらえないようにしています。

ほんとうは、わたしの試練もカルマのひとつかもしれません。

でもあえてそれを知る必要もないと思っています。

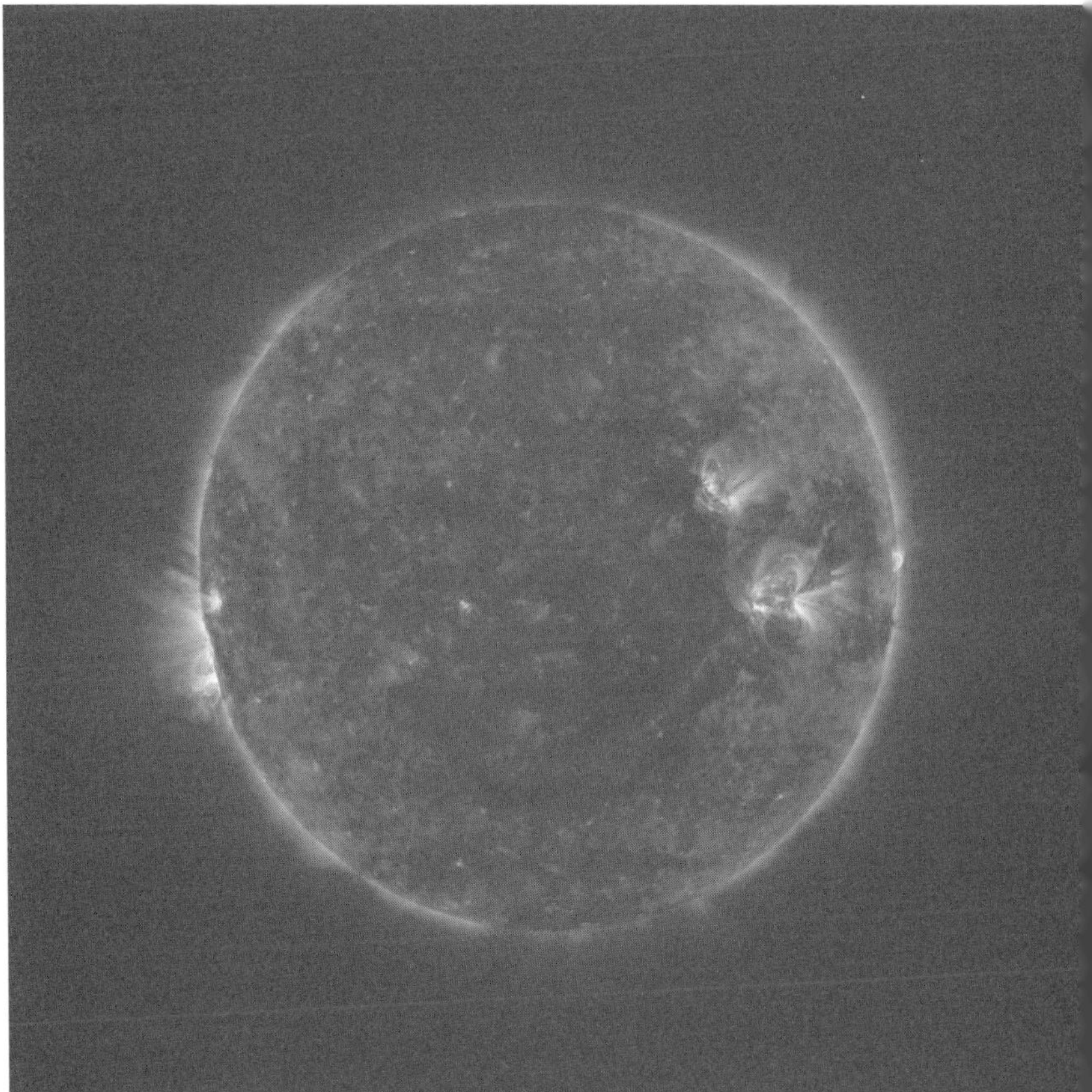

はっきりいうと、あなたがよりよい未来を創っていきたいのであれば、前世であれ、今生であれ、ネガティブな出来事にフォーカスすることは一切おすすめしません。

たとえネガティブな前世があって、それを潜在意識の中にお荷物としてまだ抱えているとしても、いまこの瞬間からクリアしていくことができます。

ネガティブな出来事もエネルギーでできていますから、いくらだってクレンジングできるのです。

自分は呪われていると思うと、呪われるようなことが起こる。

逆に、自分は恵まれていると思えば、恵まれるようなことが起こります。

どんなときも、前世に何があっても、いまここからの現実創造が上回ります。

あなたの魂が輪廻転生を繰り返していることは真実です。

前世のカルマもありますが、それにとらわれすぎず、常にいまこれからの現実創造にフォーカスする。

そのほうがよりよい人生につながります。

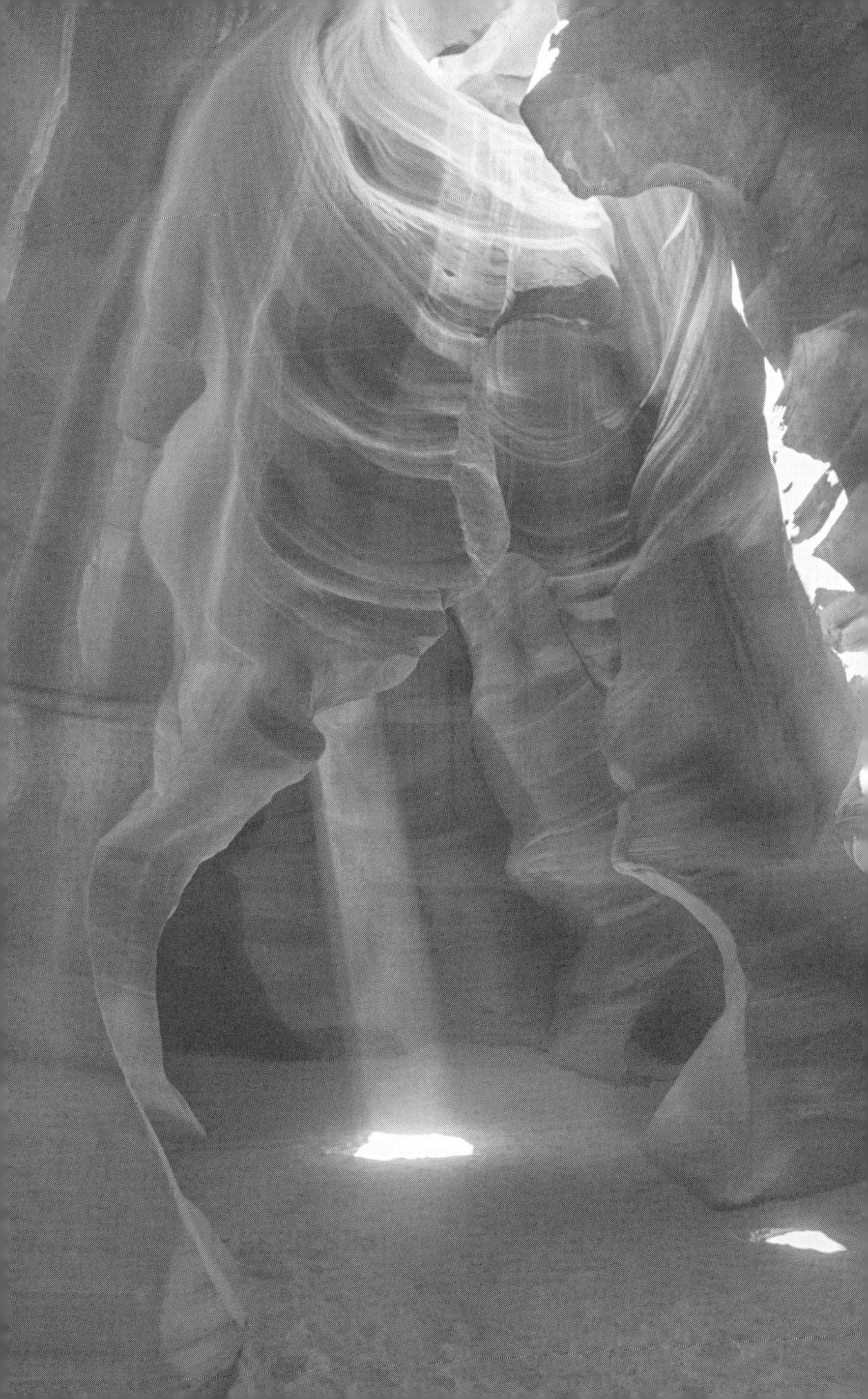

23

意識を使って望む未来を創り出す

この宇宙の大部分は「波動＝周波数」を基盤にした世界です。

マックス・プランク（ドイツの理論物理学者）は、1944年に**エネルギーフィールドの**存在を突き止めました。エネルギーフィールドとは、一言でいうと、目にするすべてのものを創出しているところです。

わたしたちが暮らす空間は、原子よりも小さいミクロの素粒子が波のように漂っているのですが、人間が意識を持って見るとその粒子が物質化するのです。

わたしたちが物質と思っているもの、そのすべてをつなげているものがあるはずで、それをマトリックスと呼びました。

それは量子物理学の革命的大発見でした。

ということは、**あなたがいま読んでいるこの本も、あなたがフォー**

カスしているから本として物質化しているけれど、あなたがフォーカスしなければ、何も存在しないかもしれないのです。まさにこれは「思考は現実化する」の証明であり、引き寄せの法則の科学的根拠になっています。

わたしたちが何かにフォーカスするとき、それは将来に対してビジョンを持つこととイコールの関係にあります。

……どういうことか、わかりにくいかもしれませんね。

たとえば、友達と駅で待ち合わせをする約束をしたら、その情景を無意識のうちに一瞬想像しますよね。そういうものが刻々と人生を創っていると考えられるのです。

情景を無意識のうちに想像することは、潜在意識が行っているので、わたしたちはコントロールできないし、確認のしようがありません。

引き寄せの法則をご存じの方はすでにおわかりかと思いますが、潜在意識はわたしたちの意識全体の95%を占めるといわれています。残りの5%は顕在意識です。**潜在意識は24時間365日休むことなく働き続けています。**

昨晩、深夜にテレビを付けっぱなしで寝てしまったとします。自分として

は見ていないし聞いていないと思うけれど、潜在意識はその内容をちゃんと聞いています。その番組が殺人事件などの不穏なニュースを報道していたら、それは潜在意識に入ってしまいます。

そんなふうに、潜在意識には、前世のカルマの影響だけでなく、無意識のうちに溜め込んだネガティブな情報もたくさんあります。

すばらしい人生を創造したかったら、自分の潜在意識の中をクレンジングすることは不可欠です。

本書に付属しているCDを聴きながら瞑想することは潜在意識のクレンジングに役立つでしょう。さらに日頃からネガティブな情報を受けないように、たとえばテレビのニュースは見ないなど、ネガティブな情報から離れる工夫をするのがベターです。

24

パラレルユニバースに住むわたしたち

少し復習になりますが、わたしたちが生まれ変わる理由は、大きく2つあります。

ひとつは、未完了の仕事や、解決すべき問題を地球に残してくるからです。もう一度地球に戻って役者をやろう、医者をやろう、母親をやろうと決意します。今度こそその仕事をクリアしようと思うのです。

しかし、**何度やってもすべてにおいて大満足して亡くなる人はほとんどいません。**ひとつ解消しても、ほかの課題を背負って亡くなることもあるでしょう。だから、転生するたびに同じようなことを繰り返しているのです。

もうひとつは、魂の学び、進化のためです。非常に冷酷な人間だったら、もっと人に優しく思いやる、家族を愛するという学びのために生まれ変わる人もいるかもしれません。

人生において重要なターニングポイントとなる出来事というのは、ガイドと自分が創ったシナリオに設定されています。しかし、どうやってそれを実行するかには、いくつもの選択肢が用意されています。

わたしたちは、常に選択をしながら生きています。朝ごはんに何を食べるかにはじまり、どの学校に行くか、どの職業につくか、誰と結婚するかなど、そこには無限の可能性があるわけで、その状態が**パラレルユニバース**と呼ばれています。

そして、その無限にある選択肢のうちどれを選ぶかは、自由意志なのです。前世で何があろうが、カルマがあろうがなかろうが、関係ありません。あなたはその自由意志によって、いくらでも自分の人生を充実したものにできるのです。


たとえば、いまあなたの年収が５００万円だとします。

パラレルユニバースは無限ですから、望む金額を自由に設定できます。アンソニー・ロビンズみたいにドームを観客でいっぱいにするようなメンターになって何十億も稼ぐという設定も可能です。いっそ、彼を超えてみせるというのもありです。

でも、「わたしはがんばっても、800万円ぐらいまでしかいけない」と思ったりしませんか？

人は自分の未来を想像するとき、いままでの頭の中の情報と照らし合わせています。わたしたちは賢くなりすぎてしまって、自分でプログラミングして、自分はこのくらいの年収の人と決めてしまっています。

でもほんとうは、誰でも一瞬で望む設定に移動できるのです。なぜなら、わたしたちは時空を超えたエネルギーフィールドにいるからです。

大成功する人は特別だといったりしますが、何も特別ではなく、誰でもその可能性はあります。成功者の中には、貧しい家庭に育った人も多いものです。生まれも育ちも関係ありません。

彼らがなぜ成功するかといえば、その理由のひとつに逞《たくま》しいハングリー精神があげられます。「自分の人生を何としても変える！」という熱意は相当なものだと思うのです。その熱意はエネルギーそのものですよね。彼らは熱い思いによって、自分の人生を変えているのです。

ハートマス研究所という、人の心（ハート）の研究をしているところがあるのですが、その研究所のレポートで、**心臓と脳のエネルギーを比較してみたところ、心臓の電磁場は脳の100倍も大きなエネルギーを放出している**ことがわかったそうです。

心臓が発する電磁場は、エネルギーフィールドに接続していると考えられています。

わたしたちが経験している物質世界はエネルギーによって構成されていますので、心臓が脳よりも強力なエネルギーを放出しているということは、わたしたちのハート、心にある思いがこの物質世界を操っているといえるのではないでしょうか。

わたしたちはハートの電磁場を通じて現実を創造しているということです。

よく、思いは人を動かすといいますね。

実演販売などで、その商品自体はそんなに欲しいと思っていなくても、実演する人が一生懸命だったり、愛を感じると、思わず手が伸びてしまったりすることはありませんか？

成功者の人の言葉やものの考え方、態度であったりはものすごく力強かったりします。それは信念、ビジョン、決意、自信が揃っているからですが、それらは思いから生まれています。

思いは本来誰でも持っているもの。何百回と生まれ変わっているあなたの魂がそれを知らないはずがないのです。

ただ、**潜在意識に余計な情報がインプットされてしまっていると、なりたい自分を素直に公言したり、自分の能力を認めることが難しくなってしまいます。**

その足かせになっている情報を白紙に戻しましょう。

それから思いっきり自由に現実創造をしていきましょう。

25

幸せなふりをすると幸せになる

自分が何かを選択するたびに、シナリオの筋書きは変わります。

自分の人生を変えたいと思うのなら、自分が出す波動を変えることです。

具体的にいうと、考え方、気持ち、感情。

こうしたハートから出るものを変えていくのです。

笑顔で穏やかな毎日がよいのであれば、自分も笑顔で、周囲にも穏やかに優しい言葉を投げかけるようにします。

パワフルで充実した毎日がよいのであれば、自分から大きな声で元気にあいさつしたり、興味をもった場所にどんどん出かけていく。

そういったことを1か月ほど心がけるだけで、現実は好転していきます。

みなこの世でさまざまな悩みを抱えています。

わたしだってそうです。わたしもさまざまな問題を抱えていますが、それは自分の人生を豊かにするためにあるプログラムだと信じています。

生まれた家庭も裕福、学校の勉強も優秀、勤め先も超一流、結婚相手も申し分なし、子どもも可愛いというような、外から見て順風満帆《じゅんぷうまんぱん》な人も、実は壮絶な過去があったりするかもしれません。

大した試練もなく、順調に人生を生きている人は、本人が幸せならけっこうなのですが、話に深みがなかったりして、個人的にはあまり魅力的ではないように思います。

本当に魅力的な人は、たくさんの魂の試練を乗り越え、愛と幸せな人生を手に入れた人です。そういう人になりたければ、とりあえず、**自分の未来を信じて、幸せなふりをすればよいのです。**

そこに根拠はいりません。

20代ですでに数億円の資産を稼いだ知人が数人いますが、皆さん、何かをはじめる前から、「次はこうして、ああして、ぜったい会社を国際企業にするわ」など、自信たっぷりに言ってのけます。
「わあ、すごい自信満々だな」って思います。でも、それでいい。

わたしたちは創造主ですから、自分で自分の未来を決めるのは正しいこと。

誰にも「あなたには無理よ」と言う資格はありません。

たとえ親であってもです。

こういう人になりたい、という目標があるのなら、その人になりきってみるのは、現実創造のレッスンとして、とてもよい方法です。

「○○さんはどんな生活をしているかな？」
「○○さんだったら朝、どんな気分で過ごしているかな？」
「○○さんだったら、買い物のとき、どんなふうに選ぶかな？」
「○○さんだったら、どこの店に行くかな？」
「○○さんだったら、こういう場面でどんな態度をとるかな？」

このように発想して、日常をドラスティックに切り替えてみると、じょじょに変わっていきます。

「気が付いたらなんか似てきたぞ」というふうに理想の人に近づいていきます。

気が付いたら自分自身がレベルアップして、出会う人が変わってきたり、憧れていた仕事の依頼が来たり、いままで手が届かないと思っていた場所にお誘いを受けるというふうに変化していきます。

おわりに

パラレルワールドにいるわたしたちには、無数の可能性が広がっています。

これまでお伝えしたように、**どんな選択をするかはあなたの自由意志です。**自分がどの道を進むか迷ったとき、「人にどう思われるか」は一切気にしないでいただきたいと思います。

大切なのは、自分の心の声を聞くことです。

多くの人が大富豪になりたいといいます。

でもそれは、ほんとうでしょうか？

それも自分にちゃんと問いかけてみましょう。

わたしはスイスにいたとき、大富豪の方たちと親しくさせていただきました。彼らは広大な敷地に代々受け継がれたお屋敷、別荘、クルーザー、そして華やかな音楽界や社交界を楽しんでいました。

でも、自分がこれを欲しいか、この生活をして心が満たされるか問いかけたところ……答えはノーでした。

個人的には、そういった生活より、ひとりでも多くの人を幸せにする方法を世の中にお伝えすることのほうがワクワクするし、自分の喜びだと確信しています。

人によって幸せを感じるところは違うものです。

スイスの大富豪の友人夫妻には優秀な御曹司《おんぞうし》がいます。彼はプール付きの大豪邸で育った生粋のセレブリティです。

でも、彼はずっとシリアの難民キャンプにいて、難民の手助けをしています。スイスにはぜんぜん帰ってきません。

他人から見ると、スイスの暮らしに何の不満があるのかと思うかもしれませんが、そういう問題ではないのです。彼の親も反対したかもしれませんよね。そうだとしても、**彼は自分の意志でシリアでの奉仕を行っているのです。**

これこそが自由意志に従う生き方といえるでしょう。

壮大なことをしなさいという意味ではありません。

ただ、もしあなたがほんとうはやりたくない仕事をしているとか、自分の意志ではなく、親の意志に沿った進路の選択をしているというようなことがあれば、一度考えてみてほしいと思います。

寝食を忘れて夢中になれるものを見つけられると、魂は何倍にも成長することができるからです。

子育てを懸命にすることもすばらしいことです。子どもを一生懸命育てることは、子孫を残すという地球に対する大きな貢献にもなります。

人生においてやりがいを持てることを、ひとつでも見つけていただきたいと思います。それこそがほんとうの意味であなたが幸せになり、自分を輝かせる道です。

決断できないときは、焦ることはありません。

ずっと魂は輪廻転生をしているのです。迷ったときは、自分の胸に手を当てて「本当にしたいことは何か」「人生において自分は何を求めているのか」について、何度でも繰り返し聞いてください。

あなたには自分で人生を創造するチャンスが与えられています。

神様は地上へ向かう魂の入れ物として、わたしたちに肉体を与えました。

この肉体があるおかげで、わたしたちはこの地球にとどまっていられます。

この肉体があるおかげで、あらゆる物質的な体験を享受できます。

神様から与えられたこの肉体を使って日々、愛、感謝、感動、喜びの気持ちをたくさん体験してください。それは、すなわち波動を上げることです。**あなたが波動を高くすることで、苦難を最小限にすることができるでしょう。そうすれば、同じような波動のものがあなたの人生にもたらされるでしょう。**

逆に、波動を低くすると、試練や苦難、迷いが増えていきます。

あなたがすばらしく愛に溢れた、楽しく美しい人生のシナリオを描いて生まれてきたとします。

ところが、恵まれた環境にまったく感謝せず、笑顔も見せず、人のあら探しをしたり、不平不満ばかりを言っていたら、あなたの波動はどんどん低くなります。そして、それに見合った出来事ばかりをあなたは引き寄せるようになるのです。

ですから、いまどんな試練や悩みに立ち向かっていても、感謝できることを見つけることが大事です。

神様は乗り越えられない試練は与えたりしません。

あなたは偉大な創造主です。
ご自分をもっともっと評価して、愛してください。
地球での冒険を楽しんでください。
もし、あの世で私と会うことがあれば、ぜひ感想をお聞かせください。
ありがとうございました。

謝辞

この本を書くにあたり多くの方のご協力をいただきました。

とくに、コンセプト、デザインや編集まで大変お世話になりました編集の寺崎翼様と、企画を実現してくれた林美穂様にお礼申し上げます。また、陰で支えてくれている高次元の存在たちや家族、友人やセミナーの受講生に感謝します。

最後に、この本を手に取ってくださったあなたに心からお礼申し上げます。

２０１７年10月

佐野美代子

付属CDの聴き方

この本には、あなたの過去生をさかのぼってクレンジングする誘導瞑想を収録したCDが付いています。

夜寝る前とか、リラックスしている時にお聞きください。

眠気を誘う場合があるため、運転中には絶対に聞かないでくだささい。

潜在意識には過去生の記憶が誰にでも保存されています。気づかないうちに、それらがいまの生活に良くも悪くも影響を与えています。

このCDをお聞きになって前世に戻ることで、未完了の問題やトラウマを解消するのにお役立てください。

バックグラウンドに使用している曲は、アエオリアさんという音楽家が作曲されました。

彼は30年以上にわたり、音が神経系や感情に与える影響について研究し、独自の音源開発に成功されました。

彼の曲は癒しの効果があるとして、25年以上にもわたり病院やケアセンターなどで使用されています。また、海外の有名なヒーラーも、喜びやインスピレーションを得るための瞑想に、彼の曲を使用しています。

あなたもこの曲を使った誘導瞑想で、心身ともにリラックスできることでしょう。

現代は携帯端末やインターネットの普及で身も心も疲れがちです。本当のご自分の本質につながることが難しく、また、せっかくのガイドや天使の導きにも気づかないのは残念なことです。

毎日30分くらいはできるだけこのCDを活用して、心身ともにリフレッシュしてください。そうすれば、あなた本来の輝きをまして、波動も高くなります。独自のユニークで心豊かな人生が送れるようになるでしょう。

また、本書をご購入いただいた読者限定で、ダウンロード特典のボーナストラックもご用意しました。こちらもアエオリアさんのすばらしい音楽を使用した誘導瞑想です。詳しくは巻末ページをご覧ください。

写真クレジット

11P Thomas Jerger/500px/amanaimages
15P SHOHO IMAI/a.collectionRF/amanaimages
19P Tom Stoncel/500px/amanaimages
23P NASA, ESA and H.E. Bond (STScI)
25P NASA/JPL/Space Science Institute
28P ujii akira/nature pro./amanaimages
32・33P NASA
38・39P JAPACK/a.collectionRF/amanaimages
45P ZUMA Press/amanaimages
48P NASA
53P arc image gallery/amanaimages
57P arc image gallery/amanaimages
63P JAPACK/a.collectionRF/amanaimages
66・67P Glen Wexler/Masterfile/amanaimages
75P NASA
79P hi-bi/amanaimages
82・83P NASA
87P UPI/amanaimages
91P JP/amanaimages
93P TSUYOSHI NISHIINOUE/SEBUN PHOTO/amanaimages
96・97P Mitsuru Yamaguchi/a.collection/amanaimages
100P NASA/JPL
103P Konno Noriyoshi/a.collectionRF/amanaimages
106・107P UFO RF/a.collectionRF/amanaimages
111P ZUMA Press/amanaimages
115P TAKAHIRO MIYAMOTO/SEBUN PHOTO/amanaimages
121P NASA/STScI
124・125P SHOHO IMAI/a.collectionRF/amanaimages
127P NASA
131P BLOOM image/amanaimages
134・135P Viktoriia Vyshnevetska
137P NASA
139P Buchanan/500px/amanaimages
143P NASA
147P イメージナビ/amanaimages
150・151P NASA
153P moodboard/amanaimages
157P NASA/Reid Wiseman

CDを取り扱う際の注意

ご使用前に必ずお読みください。


*本来の目的以外の使い方はしないでください。

*必ず音楽CDに対応するプレーヤーで再生してください。

*直射日光の当たる場所や高温多湿の場所での保管は避けてください。

*ディスクは両面とも、指紋やキズや汚れなどがつかないように注意してください。

*ディスクは両面とも、ペン類で文字を書いたり、シールを貼ったり、接着剤をつけたりしないでください。汚れが付いたら、柔らかい布で軽くふきとってください。

*安全のため、破損したディスクは絶対に使用しないでください。

*ディスクは幼児の手の届かないところに保管してください。

*ごくまれに、一部のプレーヤーで再生できない場合があります。音楽CDに対応したCD-ROMドライブ、DVD-ROMドライブ搭載のパソコンなどで使用する際、機器によってディスクを再生できない場合があります。また、OSや再生ソフト、マシンスペック等により再生できないことがあります。詳しくは各プレーヤー、パソコン、ソフトウェアのメーカーにお問い合わせください。

Profile

佐野　美代子（さの・みよこ）

モンロー研究所　公式アウトリーチ・ファシリテーター
前デンマーク・ジュネーブ軍縮代表部大使夫人
東京生まれ。父親の転勤で７歳から英国のロンドン郊外に４年住む。神戸大学付属中学卒業。大阪教育大学付属高校卒業。上智大学英文学科卒業。大学時代にはボリビアにも留学する。外交官の夫とともに、パリ、ジャカルタ、ニューヨーク、ジュネーブ、コペンハーゲンに暮らす。海外生活は通算24年（現在は東京在住)。引き寄せの法則の講演会、ヘミシンク（瞑想）セミナーや企業向け研修の講師としても活躍する。
同時通訳歴は20年以上。ILO総会、国連、欧州委員会など国際会議での同時通訳をはじめ、アップル、IBM、トヨタ、日本コカコーラなどグローバル企業の記者会見、国際会議、セミナーの同時通訳、スピリチュアル系の講演やワークショップ、個人セッションの同時通訳まで多岐にわたる。
全世界で2800万部を超えるベストセラーとなったロンダ・バーンのシリーズ『ザ・シークレット』『ザ・シークレットto TEEN』『ザ・パワー』『ザ・マジック』『ヒーロー』『ザ・シークレット日々の教え』『ザ・シークレット　人生を変えた人たち』(KADOKAWA) を山川夫妻と翻訳。世界で5000万部超の著者ルイーズ・L・ヘイとモナ・リザ・シュルツ医学博士が書いた『すべてうまくいく』(KADOKAWA)を翻訳。著書に『あなたが願う愛と幸せは現実になる』(廣済堂出版)、『人は「あの世」で生き続ける』(PHP研究所)。
夢は「世界の子どもたちが安心して暮らせる世界」を実現すること。

佐野美代子　公式サイト　http://thesecret.jp
佐野美代子　公式ブログ　http://mimi.livedoor.biz

Music

アエオリア (Aeoliah)

アメリカの世界的な作曲家。
30年以上にわたり、音が神経系や感情に与える影響について研究し、独自の音源開発に成功する。癒しの効果があるとして、25年以上にわたり、病院やケアセンターなどで使用されている。海外の有名人やヒーラーなども、喜びやインスピレーションを得るための瞑想に使用している。

アエオリア　公式サイト　http://musicforhealthyliving.com/

前世のシークレット

2017年11月19日　初版発行

著者　佐野美代子
発行者　太田 宏
発行所　フォレスト出版株式会社
〒162-0824 東京都新宿区揚場町2-18 白宝ビル5F
電話　03-5229-5750（営業）
03-5229-5757（編集）
URL　http://www.forestpub.co.jp
印刷・製本　日経印刷株式会社

ISBN978-4-89451-778-3
Printed in Japan

『前世のシークレット』

購入者限定無料プレゼント

ここでしか手に入らない貴重な音源です。

著者・佐野美代子による

本当の自分とつながり あらゆる重荷から解放される 瞑想誘導音源

をプレゼント！

全世界で2800万部を超えるヒットとなった『ザ・シークレット』の翻訳者としてその名を知られ、アメリカ政府も認めるモンロー研究所の公式アウトリーチ・ファシリテーターである著者が特別に制作した瞑想誘導音声です。音楽には、癒しの効果が認められ、25年以上にわたり病院やケアセンターで活用されている音楽家Aeoliahによる『Souls In Ecstacy』を使用しました。

この音源（音声ファイル）は 本書をご購入いただいた読者限定の特典です。

※音声ファイルはWeb上で公開するものであり、CD・DVDなどをお送りするものではありません。
※上記特別プレゼントのご提供は予告なく終了となる場合がございます。あらかじめご了承ください。

↓音声ファイルを入手するには
こちらへアクセスしてください

http://frstp.jp/zensei